L'EMPIRE DE L'ARGENT

ÉTUDE SUR LA CHINE FINANCIÈRE

JOSEPH DUBOIS

L'EMPIRE DE L'ARGENT

ÉTUDE

SUR LA CHINE FINANCIÈRE

Préface de M. Henri Bamberger

LIBRAIRIE ORIENTALE & AMÉRICAINE

E. GUILMOTO, Éditeur

6, rue de Mézières, PARIS

JOSEPH DUBOIS

L'EMPIRE DE L'ARGENT

ÉTUDE

SUR LA CHINE FINANCIÈRE

Préface de M. Henri Bamberger

LIBRAIRIE ORIENTALE & AMÉRICAINE

E. GUILMOTO, Éditeur

6, Rue de Mézières, PARIS

PRÉFACE

—

Monsieur,

Je vous remercie d'avoir fait appel à moi.

Vous ne vous êtes pas trompé si vous avez cru que j'éprouverais une grande satisfaction à l'apparition d'un livre de bonne science financière écrit par un jeune Français, car voilà trente-cinq ans que je travaille, en collaboration avec le Comité pour l'Encouragement des Études commerciales en France, à la diffusion des sciences économiques et que je m'efforce d'augmenter les connaissances commerciales et financières des jeunes employés.

Vous avez donné un bon exemple en vous expatriant pour observer des faits mal connus et mal interprétés. L'effort n'est pas assez commun pour que vous échappiez à mes félicitations. Je vous souhaite des imitateurs et, en attendant, je vous fais compliment de vos débuts.

Vous vous êtes attaqué à l'un des plus difficiles pro-

blèmes de la circulation monétaire actuelle. Vous montrez fort bien à quel degré le change avec la Chine, dominé par les variations du rapport des deux métaux, reste en dehors de la marche générale. Et vous le montrez par un examen minutieux et plein de révélations des coutumes monétaires des Chinois, grands accumulateurs d'argent, qui voudraient bien rester fidèles à ce métal. Il me semble que les Célestes d'aujourd'hui ont peur de l'invasion de l'or en place de leur cher argent, comme leurs ancêtres ont eu peur des « diables d'Europe », pour leurs coutumes ; mais je suis un financier croyant à la vertu de l'or et il me semble que les Chinois ont tort en voulant maintenir l'éternité de leurs conditions monétaires : ils ont bien cru jadis pouvoir maintenir la fermeture de leurs ports, de même qu'ils ont cru à la défense de leurs provinces par la fameuse muraille de Chine.

Votre étude du commerce des Banques européennes en Chine est très intéressante et vous montrez fort bien par quel moyen ces Établissements se défendent contre les aléas du change et les dangers d'une accumulation d'argent.

C'est cet examen attentif des mœurs et coutumes financières de la Chine qui vous a fait apprécier la tenace habileté des Célestes en matière de change. Peut-être vous êtes-vous montré enthousiaste à l'excès de cette belle défensive du métal argent en Chine et n'appréciez-vous pas assez les propositions de l'économiste américain Jenks et ses projets de réformes. Moi qui suis un mono-métalliste convaincu, je me demande si l'influence moderne du régime de l'or ne finira pas par le faire triompher, en Chine aussi bien qu'ailleurs, car c'est bien l'or qui devient de plus en plus la mesure qui règle les transactions universelles et il ne peut y avoir deux mesures pour le même objet.

Quoi qu'il en soit de vos conclusions, qui me semblent un peu optimistes en faveur de l'argent, votre étude est excellente et instructive et sera très utile aux financiers qui voudront élargir notre champ d'opérations en Chine où ils ont jusqu'à présent laissé main libre aux Anglais et aux Américains, qui pourtant ne possèdent pas une accumulation de capitaux pareille à la nôtre.

H. BAMBERGER.

L'EMPIRE DE L'ARGENT

ÉTUDE SUR LA CHINE FINANCIÈRE

CHAPITRE PREMIER

LE CHANGE ET LA MONNAIE

I. — Le change.

Le change est, de la Chine à l'Europe, un phénomène très particulier, pour la pleine intelligence duquel il faut, à peu près, dépouiller toutes les idées reçues, à cet égard, dans nos sociétés occidentales.

La première singularité de ce change lui vient de la spécialité de l'étalon monétaire usité par la Chine, qui fait que le règlement des obligations internationales ayant la Chine pour point de création ou de remise est beaucoup plus lié à un rapport de métaux qu'à une ordinaire compensation de créances. Celles-ci, en effet, sont ou exprimées en or et réalisables en taëls, ou bien exprimées en taëls et réalisables en or, c'est-à-dire comportant, dans l'un et l'autre cas, un certain poids d'argent en lingots à livrer ou à recevoir. En un mot toute créance, en passant d'Occident en Extrême-Orient, doit être « invertie », ce qui veut dire, en d'autres termes, que les effets circulant entre les deux mondes ne sont jamais créés dans l'expression monétaire du métal qui sert à les réaliser. Tandis que, pour les effets circulant entre nations occidentales, il y a dualité d'expression mais unité de métal, pour les effets circulant de la Chine à l'Europe, il y a, à la fois, dualité d'expression et dualité de métal.

Cette particularité suffit à jeter dans l'ordinaire débat des changes une note absolument nouvelle. En effet, par cela même que les collectivités de l'Ancien et du Nouveau-Monde, ont adopté, quoiqu'à des degrés différents, l'étalon d'or, la question de la monnaie n'influe pas sur les mouvements du change, dont la cote indique seulement la mesure du rayonnement économique et du crédit extérieur de la nation. Si, toutefois, dans les pays par trop visiblement démunis d'or où sévit l'inflation du papier, il se crée un agio sur l'or, celui-ci ne représente que la différence entre l'absolue confiance qui serait faite à un pays à circulation vraiment métallique et le crédit limité qui est accordé à une circulation mal gagée. Si la monnaie en usage arrive ici à faire impression sur le change, il n'y a là, à y bien regarder, qu'une illusion, puisqu'il n'existe pas en réalité de monnaie et que les effets qui en tiennent lieu ne tirent leur valeur que d'un crédit dont la dépréciation est tout justement énoncée par la cote du change. En somme dans toute la généralité des relations internationales, la Chine seule exceptée, le change n'est jamais qu'une cote du papier, une estimation de créances sur lesquelles la matière métallique ne peut avoir aucune influence puisque, et c'est là notre grande pétition de principe, elle est partout uniforme et identique.

Il en va autrement à l'égard de la Chine, à telles enseignes qu'il est facile de prouver que le seul mot de change appliqué aux relations externes de la Chine constitue un abus de langage et une fausseté de fait. C'est-à-dire que, dans ce pays, les phénomènes économiques que nous comprenons en Europe sous le nom de change se dédoublent et que si l'un des deux éléments de fluctuation reste le change, il n'en est à coup sûr, ni le plus sérieux, ni le plus important puisqu'on ne saurait, en aucune façon, lui imputer la baisse ou la hausse du taël. Le change, manutention de papier, transport ou transfert de créances, va-et-vient de remises alternatives ou simultanées, n'a pas d'influence directe sur ce bloc de métal qu'est le taël et il faut se garder de confondre le change, c'est-à-dire l'expression de la balance des comptes, avec le rapport commercial qui dirige les conditions d'achat et de vente de l'or et de l'argent.

Cette distinction est mieux qu'une discussion de terminologie ou de seule doctrine : elle a, dans les faits, sa reconnaissance immédiate et pratique. En Chine, lorsque des banquiers européens ont à produire l'énonciation occidentale de la valeur du taël, ils tiennent compte de deux éléments dont le premier et, à coup sûr, le plus important, leur est donné par les cours du « Bar silver » qui leur sont télégraphiés de Londres et le second, qui est à proprement parler le change, par l'intensité du mouvement des créances de ou vers l'Europe. Il se trouve ainsi que, dans la pratique, il y a, pour ainsi dire, deux sortes de taëls : le taël métallique qui est le taël chinois et le taël des banques qui est le taël européen, ce dernier représentant le montant, exprimé en monnaie occidentale, de la créance européenne destinée à équivaloir la dette chinoise ou réciproquement. Suivant les circonstances du papier, le taël de banque est supérieur ou inférieur à la valeur de l'argent métal ; il est très généralement supérieur car les Chinois n'ayant en Europe que peu de motifs de remise et l'Europe ayant, pour les besoins de son importation, de fréquentes occasions de dettes à la Chine, le taël sous sa forme négociable et accessible aux Européens se trouve très recherché. En fait, les créances de l'Europe sur la Chine, en dehors du paiement des indemnités politiques, sont assez rares : cette différence entre les deux courants de circulation se règle alors, non point, comme il est d'usage en Europe, par des compensations d'arbitrage, mais par un réel apport de métal blanc. Et ce sont les banques européennes qui, contre remise de ces traites sur l'Occident dont nous étudierons le mécanisme, achètent au dehors le poids d'argent suffisant pour permettre aux Européens de payer leurs fournisseurs indigènes. Il est alors naturel que le taël négocié par les banques ait une valeur supérieure au taël métallique puisque tout en n'étant pas autre chose que celui-là, il est celui-là grevé des frais d'acquisition, de négociation et d'apport.

En somme, tout mouvement de créances entre la Chine et l'Europe fait apparaître nettement une dualité :

1° Un élément « change », constitué, comme à l'ordinaire, par la demande et l'offre en papier. Les limites extrêmes de cette fluctuation sont données par ce que l'on pourrait appeler, en prenant texte d'une analogie, le « silver punct », c'est-à-dire que l'écart du taël de banque au taël métallique ne peut pas dépasser le point où il serait plus avantageux, pour l'une ou l'autre des parties en cause, de traiter directement lingots d'or contre lingots d'argent, que de recourir à l'intermédiaire de la Banque, seul générateur d'effets de change entre l'Occident et l'Extrême-Orient. Cet élément « change » est assez généralement favorable à la Chine et il arrive que les Chinois, pour leurs remises à l'Europe, se procurent auprès des banques européennes en Chine, des traites en or avec un poids d'argent moins lourd que celui qu'il leur faudrait donner pour acheter aux marchés des métaux de Londres et de New-York la quantité de métal or correspondant à la valeur de la traite acquise en Chine.

2° Un élément « métal » qui est le rapport commercial et journalier de l'or à l'argent absolument différent de l'autre puisque ses fluctuations, au lieu d'être limitées et orientées en faveur de la Chine, sont absolument soustraites à toutes prévisions et depuis vingt-cinq ans, sauf la reprise de ces trois dernières années, constamment défavorables à la Chine.

Un autre élément de détermination du change, en dehors du cours marchand du métal et de la cote du papier, est fourni par ce qu'on peut appeler la « tendance ». Les banquiers européens se montrent, en effet, plus ou moins empressés ou plus ou moins réservés à l'égard des espèces chinoises selon qu'ils croient prévoir une hausse ou une baisse prochaine du métal argent. Cet élément pour ainsi dire « psychologique » n'influe, en fait, que sur la cote change proprement dite à laquelle il s'incorpore, le taël brut restant immuable fixé à la valeur commerciale du métal. Il s'ensuit que l'écart existant entre le prix du taël argent et le prix du taël de banque, écart constitué d'une part, par la demande et l'offre en papier, et de l'autre, par la « tendance », est interprété par les commerçants d'Extrême-Orient comme un très sérieux indice des prix futurs du métal.

C'est de l'ensemble de ces éléments qu'est constituée en Chine la cote du change proprement dit, c'est-à-dire la *mesure de tous les éléments de variation autres que le métal*. L'importance de ces éléments varie de place à place suivant les besoins du moment ; c'est ainsi que pendant toute la durée de la guerre russo-japonaise, plus on se rapprochait du théâtre des opérations, et plus il en coûtait à un Européen d'obtenir des deniers locaux. Tandis qu'un « old mexican dollar » s'obtenait à Shanghaï (janvier 1905) moyennant 2,58 de traites sur France, il en fallait débourser 2,68 à Tien-Tsin pour se procurer la même monnaie. Ces différences portaient également sur le taël, c'est-à-dire sur le métal proprement dit, et n'affectaient que les Européens, puisque, au regard des Chinois, la valeur de l'once métallique ne pouvait varier d'un point à l'autre de l'Empire.

L'apport régulier et constant de métal blanc en Chine nous est dénoncé par les statistiques douanières du Mexique, son grand fournisseur, qui font figurer au crédit de leur exportation, comme une marchandise ordinaire, le poids et la valeur des lingots d'argent, bruts ou monnayés (1), envoyés dans les ports chinois. Cette pratique nous démontre assez combien le change, au sens que nous donnons à ce mot, fonctionne mal en Chine. C'est qu'en effet, tout le marché chinois reste intégralement fermé aux efforts des arbitragistes internationaux dont le métier est justement d'équivaloir les créances et les dettes de place à place sans qu'il soit besoin de faire appel, sauf accidents, à des déplacements sérieux de numéraire. Ces financiers confinés, en effet, dans une manutention de papier ne sauraient comprendre, dans leurs supputations des différences infinitésimales du *rechange*, des créances influencées à ce point par la valeur commerciale de l'or et de l'argent, que leur spécialité, le marché du papier, s'y

(1) Dollars mexicains usités dans les seules concessions uropéennes.

trouve constamment dominée par un élément étranger d'origine métallique. L'arbitrage entre les créances chinoises et les créances occidentales est aussi impossible aux spécialistes de ce commerce que l'arbitrage entre les capitaux européens et les capitaux chinois est impossible aux banquiers. Le profit de l'arbitragiste sur la différence du prix des créances et le profit du banquier sur la différence du loyer des capitaux sont trop menacés par l'éternelle variabilité des deux expressions monétaires pour qu'il soit sage à l'un et à l'autre de s'attacher à les conquérir (1).

En résumé, au regard des Européens, le change avec la Chine est toujours une dualité comportant deux supputations successives : l'une portant sur une marchandise, l'argent, qui n'a pas, en Europe, au moins dans les mêmes conditions, d'acception monétaire et l'autre portant sur le papier lui-même. Mais, cette dernière étant absolument dominée par la première, on peut dire, en tirant une simplification, que le change entre l'Europe et la Chine se résout tout simplement en un achat-vente de métaux. Et ceci nous amène à discerner que le change avec la Chine est peut-être tout le contraire du change tel que nous le pratiquons en Europe : alors que, entre nations occidentales, le change est une épargne de transactions sur les métaux eux-mêmes, entre la Chine et l'Europe il en est une occasion. Et cela est si vrai, que les seuls financiers faisant du change en Chine, c'est-à-dire les banques européennes, principalement les banques anglaises, ont édifié sur leurs opérations même de change, toute une position, basée, comme nous l'étudierons au chapitre suivant, sur un ensemble d'engagements à découvert sur le métal.

(1) Sous réserves faites au chapitre II, paragraphe 2 : Banques de capitaux.

Le change entre l'Europe et la Chine reste donc une spécialité : pratiquement, il n'y a jamais change direct de l'une à l'autre. Il est très rare qu'une créance en taëls vienne s'échanger à Londres ou Paris contre une créance en livres ou en francs. Elle est à sa sortie prise au tamis qui lui est tendu par les banques européennes de Chine qui la convertissent sur place en or, c'est-à-dire en la seule monnaie qui lui donne droit de cité de par le monde et lui permette de figurer utilement dans le concert européen. De même les dettes européennes soldées vis-à-vis de la Chine par l'envoi de traites en or sont toutes assignées payables sur des banques européennes qui font elles-mêmes le change en espèces locales au créancier chinois. Cela justifie donc bien le titre de *comptoirs de change* qui me paraît le mieux adapté à ces établissements financiers d'Extrême-Orient, qui sont de puissants générateurs d'effets de change, pour lesquels les véritables places d'utilisation ne sont nullement en Chine mais bien à Londres, Amsterdam, New-York et Hambourg, où les créances et les dettes nées des transactions avec la Chine sont définitivement compensées.

Il n'existe donc de change entre l'Occident et l'Extrême-Orient qu'autant qu'un intermédiaire financier veut bien se charger de faire, à ses risques et périls et pour son propre compte, l'opération « achat-vente » de métal, nécessaire à la circulation des créances de l'un à l'autre monde. Ce résultat ne peut être obtenu que par l'unification, sous une même rubrique métallique, des engagements réciproques. L'intermédiaire, la banque européenne, est donc ici un véritable creuset à l'or puisque l'on y jette indifféremment l'un et l'autre des métaux précieux et que ses comptes, ses bénéfices, ses salaires, son portefeuille, son bilan annuel enfin, ne s'évaluent jamais qu'au moyen d'expressions monétaires empruntées à l'un ou à l'autre des systèmes occidentaux. Nous verrons, au chapitre suivant, par quel ingénieux mécanisme, les banques européennes de Chine ont pu y conserver une personnalité financière intacte et exclusivement nationale (1).

Cette distinction entre les éléments constitutifs du change est primordiale : elle permet de comprendre pourquoi la Chine, pays à change actuellement bas vis-à-vis de l'Europe, n'est pas et ne peut pas être un pays à change avarié. Car jamais les créances des Européens sur la Chine n'ont été exposées à cette véritable protestation qui consiste dans un paiement fiduciaire ; tous les débiteurs chinois ont toujours réglé par le métal leurs créanciers et il n'y a jamais eu ici de prime sur l'or, puisque celui-ci au regard de la circulation monétaire chinoise est inexistant. Il n'a aucune fonction de monnaie et n'est considéré que comme une matière précieuse au même titre que pourrait l'être le diamant. A telles enseignes que les banques européennes elles-mêmes qui sont plus que tous autres des « tenants de l'or » l'accueillent fort mal à leurs guichets et le refusent systématiquement pour couverture des emprunts d'argent sur garantie de marchandises en entrepôt que leur font les exportateurs. Car l'or n'est utilisable en Chine que sous deux formes : la fonte et le rapatriement. Cette hostilité dans laquelle est tenu le métal jaune, de la part même des banquiers européens, donne matière à un enseignement d'ordre pratique et à une observation intéressante concernant la philosophie des rapports que les banques européennes d'Extrême-Orient entretiennent avec leur clientèle. Les voyageurs à destination d'Extrême-Orient qui, au départ d'Europe, s'appro-

(1) La Hong-Kong Shanghaï compte en livres, la banque Russo-Chinoise en roubles, la banque de l'Indo-Chine en francs.

visionnent d'or dans la pensée que celui-ci fait prime
en Chine sont victimes d'une déplorable illusion puisque
le métal qu'ils auront apporté de ces pays n'y aura
aucune acception monétaire et qu'ils seront forcés de
payer au changeur, lequel ne sera jamais un autre que
la banque européenne, une indemnité de rapatriement pour
leur précieuse mais inutile marchandise. Cette indemnité
comprendra les frais de transport, d'assurance, de
conservation et aussi, par suite des délais de longue dis-
tance, les frais de l'intérêt du capital échangé frappé
d'inactivité pendant deux mois environ.

C'est ainsi que si l'on obtient dix « mexican dollars »
pour une livre sterling métal, on pourra tirer d'un effet
exprimé en cette monnaie et payable sur quelque grande
place d'Angleterre une valeur de dix dollars trente cents
par unité. Cette diversité de traitement est mieux qu'une
distinction de comptoir puisqu'elle se continue dans la
comptabilité même des banques où la valeur des espèces
monnayées acquises est portée à un compte de « monnaies
et matières » où ces dernières dorment en attendant leur
rapatriement ou une occasion de cession sur place, tandis
que le montant des effets bancables va grossir le portefeuille
chaque jour renouvelé et sans cesse en mouvement.

En fait les banques répugnent essentiellement aux transactions portant sur les monnaies européennes : si elles
consentent à les pratiquer vis-à-vis des rares unités que
les voyageurs présentent à leurs guichets, elles s'y refusent absolument vis-à-vis des commerçants qui constituent leur clientèle locale et permanente. C'est ainsi que
les emprunts en taëls sur marchandises en « godowns » (1)
faits par les exportateurs, bien que stipulés remboursables

____

(1) Pour le détail de cette opération de banque, voir chapitre III.

en livres, francs ou marks ne peuvent être acquittés par une remise effective de ces espèces quand bien même l'emprunteur consentirait à subir la défaveur que nous avons vue infligée par les banques à l'achat des monnaies. Mais ce qu'il y a là de vraiment intéressant, c'est que cette prohibition est motivée à la fois par les difficultés du commerce du métal jaune en Chine et aussi par le souci que prend la banque des véritables intérêts de ses clients : elle veut empêcher ces derniers de se livrer à des spéculations sur place basées sur les fluctuations des métaux précieux et de contrarier ainsi les véritables destinées de leur commerce. Pour couper court à ces tentations d'agiotage, la banque n'admet l'emprunteur à se libérer qu'au moyen de l'effet même né de son commerce qui est la contre-valeur naturelle du prêt consenti. Il y a là une mesure d'auto-protection très intéressante et indispensable dans ce pays où les nationalités diverses à l'infini ne sauraient s'accommoder de dispositions légales uniformes et où les créanciers sont à peu près désarmés contre les mauvais payeurs protégés par leur statut personnel et la diversité des législations en matière d'opérations à terme et de leurs sanctions.

Ces divers exemples sont bien faits, en tout cas, pour montrer à quel point Chinois et Occidentaux sont étrangers les uns aux autres quant à la pratique monétaire. Cette antinomie s'explique :

1° Par le concept originel des Chinois vis-à-vis de l'extérieur ;

2° Par les conditions spéciales du commerce international entretenu jusqu'ici entre la Chine et l'Occident.

L'examen de ces deux raisons nous conduira à reconnaître que le problème du change, longtemps ignoré des Chinois, est pour eux, de nos jours encore, chose absolument neuve et essentiellement relative, à ce point, que les discussions sur le change restent surtout, en Chine, un débat entre Occidentaux.

Le change est, dans toutes les sociétés, un accident extérieur : il n'a rien d'autochthone, ni rien d'inéluctable. On peut, théoriquement au moins, concevoir un pays isolé, fermé au reste du monde, où la comparaison de l'unité monétaire nationale avec les expressions étrangères, ce qui est précisément le change, n'aurait jamais l'occasion de s'exercer. Cette conception a été très longtemps celle de l'esprit chinois : bien que fortement battue en brèche aujourd'hui par les ambitions européennes, elle n'en demeure pas moins chère à beaucoup d'entre eux, et chez les plus progressistes des Célestes, elle reste, presque contre leur gré, comme une sorte de substratum à leur mentalité par cela même difficilement consciente des faits de l'étranger. Ce n'est pas à dire que tous les Chinois soient volontairement hostiles à tout rapport, à tout contact avec l'Occident. L'important commerce entretenu entre les deux civilisations, l'accueil fait aux chemins de fer, suffisent à prouver le contraire. Mais il est actuellement vrai d'affirmer que les Chinois n'offriront, de longtemps encore, de réelles facilités de transactions qu'aux seuls étrangers dont les opérations ne feront point apparaître à leurs yeux la question redoutable et pour eux fermée du change, c'est-à-dire aux seuls commerçants qui seulement chercheront à tirer de la Chine des marchandises destinées à l'Europe, et évaluables en or, aux sources mêmes de leur production, et non point à ceux qui, contre remise de produits européens, s'essayeront à en tirer une substance monétaire, dont l'appréciation, très différente dans l'un et l'autre monde, donnera toujours lieu à des difficultés et à des tiraillements, restrictifs d'une grande amplitude de transactions.

La notion complète des problèmes du change ne peut, en effet, venir à un peuple que par suite d'un jeu d'exportations et d'importations suffisamment équilibré. Il est évident qu'une collectivité, jusqu'à l'heure où elle ne se crée pas de dettes vis-à-vis de l'étranger, est, par là même libérée du soin de connaître de la puissance d'acquisition extérieure de son unité monétaire. Or, tel était bien jusqu'à ces derniers temps encore le cas de la Chine, puisque Mgr Favier, évêque de Pékin, de son expérience de quarante ans de séjour et d'affaires en Chine, en était arrivé à conclure, pour expliquer l'abondance de la richesse métallique de la Chine, que toute parcelle de métal argent, introduite dans ce pays, y était absorbée, jusqu'à n'en plus ressortir. Cette assertion se vérifie, au reste, par les faits : la Chine d'aujourd'hui, et plus encore la Chine d'autrefois, vend sans cesse aux Européens des denrées ou des matériaux de grande consommation, tandis que, confinée dans ses besoins rudimentaires et exclusivement locaux, elle ne leur achète que des objets dont elle pourrait assez aisément se passer. Au nord, le trafic des fourrures et des peaux, au centre celui des thés, au sud celui des soies, obligent chaque année qui la cordonnerie américaine, qui le commerce russe, qui le tissage lyonnais ou suisse, à des achats considérables de métal argent destinés à solder leurs apports aux Chinois. C'est grâce à cette direction constamment favorable de leurs courants commerciaux que les Chinois sont arrivés à absorber l'énorme production argentifère des pourtours du Pacifique. Depuis quelques années seulement, ces entrées continues d'argent se voient légèrement atténuées par des occasions de sortie ; mais celles-ci encore sont-elles accidentelles et de raisons nettement extra-commerciales. La Chine ne paye encore que fort peu au dehors pour l'importation commerciale : ce sont simplement les échéances des indemnités, le service des emprunts en or, les commandes de matériel et d'armement militaires, qui, nécessitant des Chinois quelques déboursés au profit de l'Europe, leur ont, par là même, et tout récemment, donné l'« aperception » du problème du change. Une preuve plus exacte encore de la vérité de cette théorie nous sera fournie par ce que nous verrons du commerce des banques européennes en Chine : elles se sont bornées, et c'est encore jusqu'ici l'inébranlable clef de voûte de tout leur système, à un continuel achat de traites sur l'Europe, c'est-à-dire à une vente aux exportateurs européens de barres d'argent destinées à payer des fournisseurs chinois.

De 1850 à 1900, l'ordre de faits dénoncé par l'évêque de Pékin n'a, pour ainsi dire, jamais été troublé. Il en est résulté, chez les Chinois, en même temps qu'une forte accumulation de richesses métalliques, une ignorance complète de la valeur au change de tout ce matériel monétaire, puisque les occasions de mesure de cette richesse à l'aune européenne étaient, en fait, inexistantes. C'est uniquement l'action militaire des puissances qui, jetant l'épée de Brennus dans la balance des faits économiques, a contraint la Chine à faire jouer, pour des services extérieurs, la porte de sortie demeurée jusque-là hermétiquement close.

C'est réellement de l'année 1900, bien digne d'ouvrir sur le xxᵉ siècle de prophétiques aperçus, que date cette ère nouvelle. Les importantes mobilisations de troupes réalisées par la confraternité européenne pour la répression des Boxers ont créé vers la Chine un mouvement d'hommes, d'idées et d'intérêts sans précédent. Le résultat en a été d'ouvrir largement à l'influence occidentale les contrées de la Chine les plus liées jusque-là à l'occlusion mandarine, c'est-à-dire tout le Nord, le Petchili, la vallée du Péiho et Pékin lui-même qui, pris, d'une part, entre la marche militaire des Russes en Mandchourie (1900) et les établissements allemands du Chantoung, s'est vu pénétrer d'influences européennes, tout comme les villes les plus anciennement livrées au commerce occidental. La main-mise des Allemands sur le Chantoung peut être considérée comme l'événement historique précurseur de ce nouvel état de choses : ce sont eux qui ont ainsi résolu, de façon violente, le problème de l'ouverture de la Chine et dressé les prétentions du clan importateur avec ses visées défi-nitives d'implantation, ses intentions autoritaires et bru-tales de réforme, à l'encontre du commerce si libéral d'ex-portation entretenu seul jusqu'alors par les Anglais qui, se bornant à un rôle de commissionnaires, n'avaient eu à se préoccuper d'aucun établissement définitif pas plus qu'à s'enquérir des conditions de l'utilité internationale d'une monnaie qu'ils ne faisaient que manier, sans jamais s'en trouver détenteurs définitifs. En fait, chez les Anglais, jamais les « politiques », sauf peut-être pour la question stratégique de Weïhaïweï, n'ont émis de prétentions sur la territorialité chinoise, pas plus que les négociants n'ont suggéré à la Chine l'idée d'une réforme monétaire qui n'aurait pu que contrarier leur manœuvre du change.

En effet, sous cet ancien régime, qui va de 1860 à 1900, le change ne faisait nullement question pour les Chinois, et toute l'appréciation en demeurait limitée aux seuls négociants exportateurs, qui avaient su faire tourner à leur grand profit ses variations puisque, par un judicieux système que nous exposons au chapitre IV, ils étaient arrivés, tout en paraissant manier des espèces indigènes, à compter uniquement en cet or dont la force d'acquisition vis-à-vis du métal chinois devenait chaque jour plus grande. L'immensité de la Chine indemne de toute pénétration, conservait ainsi, au milieu de la dépréciation de son métal, une totale et ignorante immunité, tandis que les quelques Chinois que leur commerce amenait à frayer avec l'étranger, devenus, en fait, les associés des exportateurs, appréciaient, pour la précieuse facilité d'un commerce plus actif, la prime considérable de sortie que conférait, chaque année, aux tenants de l'exportation, la baisse du change. Ce système de l'exportation unique était merveilleusement harmonieux : s'il se fût maintenu, la question du change ne serait pas encore née dans les préoccupations des dirigeants chinois dont la susceptibilité n'a été éveillée que par la lourde charge résultant pour leurs finances du règlement des contributions de guerre et du service des emprunts en or. Cependant, malgré l'intérêt désormais national que présente pour lui cette question, ce n'est pas du gouvernement chinois qu'il faut attendre l'initiative la plus efficace pour sa solution.

Le véritable débat autour du change est mené par les candidats à l'importation, Américains et Allemands, contre la Chine d'une part, immuablement attachée à ses pratiques monétaires, et les négociants exportateurs de l'autre, c'est-à-dire les Anglais qui ont toujours trouvé, dans l'exploitation des fluctuations du métal chinois, une source considérable de profits. De sorte que le gouvernement chinois, à peine né au débat, y est déjà presque simple spectateur et que c'est en dehors de lui que s'élaborent les solutions, si bien que jamais la question du change ne sera sortie en Chine des mains des Occidentaux. Hâtons-nous de constater toutefois, à la décharge du gouvernement chinois, qu'il n'a pas encouru dans l'œuvre de son change, les redoutables responsabilités qu'assument, en pareils cas, par de détestables abus de crédit, les gouvernements d'Occident et que, justement fondé à plaider non coupable, il est, par là même, dans une bonne mesure, justifié de son abstention et de son inertie.

Certains faits, certaines mesures prises récemment par le gouvernement chinois, nous le montrent sortant peu à peu de cette somnolente attitude. Au contact de toutes les discussions menées autour de lui par les Européens, une autre mentalité financière commence à lui naître. Mais les tendances de cet esprit nouveau ne concordent nullement avec les projets occidentaux, sur la refonte générale du système financier et monétaire chinois. Très intelligemment, les Chinois ont déjà fait la distinction entre les réformes intéressant le change proprement dit, c'est-à-dire la compensation de leurs créances et de leurs dettes extérieures, et celles intéressant leur monnaie, c'est-à-dire l'adaptation à des transactions européennes de l'instrument de leurs échanges intérieurs. Ils ont très vite compris que si la circulation monétaire chinoise jouissait d'une sécurité métallique incomparable et au-dessus de tout éloge, la Chine, elle-même, en tant que collectivité politique et financière, percée maintenant de l'étranger, ne possédait aucune armature financière qui lui permit de défendre efficacement l'intégrité des droits et des créances que son gouvernement et ses nationaux possèdent à l'égard de leurs débiteurs étrangers. Et il n'est pas douteux que la Chine, restant sourde à toutes les sollicitations européennes touchant sa monnaie, n'en arrive à s'assimiler, les uns après les autres et très vite, les différents organes de la constitution financière des États modernes.

Entre autres exemples, la marche de cette mentalité, chaque jour mieux instruite, se voit dans les différents modes de payement adoptés depuis 1900, pour le règlement de l'indemnité due aux puissances.

Jusqu'en 1905, la Chine demandait tous les trimestres aux banques européennes ressortissant à chacun des États créanciers de vouloir bien lui indiquer le nombre de taëls, contre livraison desquels l'État chinois serait, par l'office de ces mêmes banques, libéré de son obligation. Ce procédé dévoile à merveille la lassitude et l'excès d'ennui que prenait à l'abord de toutes les questions de change une mentalité chinoise déjà ancienne, et l'ignorance entêtée et volontaire que, dans une sorte d'orgueil national mal placé, les conseillers de l'État se plaisaient à y conserver. Mais ce superbe désintéressement ne laissait pas que d'être très onéreux : 1º parce que cet apport considérable de métal blanc avait pour effet de créer une demande anormale et soudaine de remises sur l'étranger qui précipitait la valeur du taël à un taux d'autant plus bas, que cet événement régulier et connu à l'avance était escompté par les spéculateurs ; 2º parce que le consortium des banquiers, maître de la situation, prenant texte de l'extraordinaire charge métallique apportée par ce versement, n'acceptait d'en faire le change nécessaire pour le convoyer jusqu'aux puissances, qu'à des conditions draconiennes. La Banque de l'Indo-Chine et la Banque Russo-Chinoise ont tiré de cette situation de grands profits contre l'importance desquels, les banquiers anglais ne furent pas parfois sans protester. Il se passait donc là pour la Chine exactement ce qui avait lieu autrefois en Espagne, quand le service de la Dette extérieure attendait, pour retenir le change nécessaire au payement trimestriel de ses coupons, l'expiration même de cette période. A ce moment, les détenteurs de change élevaient leurs prétentions à un taux exorbitant que justifiait, en partie, le caractère tout spécial d'une demande faite *in extremis*. A ces inconvénients, les Espagnols avaient remédié en recrutant eux-mêmes du change au cours du trimestre. Les Chinois viennent de revendiquer et d'obtenir la même latitude en faisant spécifier en outre que, s'ils n'étaient pas arrivés à ramasser d'eux-mêmes, pendant le trimestre, le chiffre d'effets en or nécessaires à leur libération, le solde s'en ferait par un versement en numéraire, compté au change, non plus cette fois, selon le gré et la fantaisie des banquiers, mais au cours moyen du trimestre. Les Anglais, disons-le en passant, ont poussé à cette solution, car leurs établissements financiers d'Extrême-Orient, puissants créateurs et gros détenteurs d'effets de change, ont trouvé, par l'interposition de cette clause, le moyen de conserver, pour eux seuls, une clientèle qu'ils partageaient auparavant, en vertu des conditions contractuelles d'un accord diplomatique, avec leurs concurrents étrangers.

En tout cas, cette réforme très avantageuse pour la Chine, est symptomatique de cette mentalité nouvelle dont il est aisé de prévoir les prochaines manifestations. On peut penser que la Chine ne tardera pas à opérer, dans son budget, une sorte de ventilation qui l'amènera à classer à part le chapitre de ses relations financières avec l'étranger, qu'elle n'acceptera pas plus longtemps d'être payée de ses créances sur l'étranger en taëls tout en étant forcée de payer en or ses dettes extérieures. A cet effet, le payement en or des droits de douane s'imposera bientôt comme principale recette d'un budget extérieur dont les cadres sont déjà tout faits. A la réforme, pour qu'elle soit complète, devra s'ajouter une sorte de « banque des relations extérieures », banque officielle, sorte d'intermédiaire, reconnu des deux parties, entre les gouvernements d'Occident et la Chine, dont le principal service, en centralisant les rapports avec l'étranger, aura pour effet d'en décharger le gouvernement chinois, et dont le rôle consistera, en outre, dans une sorte d'éducation de la volonté économique chinoise et l'instauration d'un change.

Il résulte de tout cela que, dans leurs œuvres ou leurs projets de réforme financière, les Européens et les Chinois poursuivent un idéal tout à fait différent. Les Européens veulent une modification radicale de la monnaie, leur permettant de compter avec la Chine comme avec tout autre client ; les Chinois cherchent au contraire à maintenir leur monnaie et à constituer seulement un équilibre entre leurs disponibilités et leurs exigibilités en or, équilibre derrière lequel ils espèrent pouvoir conserver intact l'instrument de leurs échanges intérieurs. Ils sont arrivés maintenant (et cette constatation est digne de toutes les remarques) à discerner que leur salut économique, leur permettant à la fois de se sauver financièrement et de ne pas entamer leur mentalité et leur intégrité nationales, était dans le maintien d'une monnaie si parfaite pour eux et dans l'instauration d'un change. Car si leur monnaie est excellente puisqu'il suffit, là comme partout, pour qu'elle le soit, qu'on s'en occupe le moins, leur change a été jusqu'ici déplorable puisque le change est, en partie, une mesure de vigilance nationale, qu'on le crée et qu'on l'éduque. Aussi, tandis que l'on voit le gouvernement chinois adhérer à toutes les mesures ayant comme effet de substituer, pour le règlement de ses obligations internationales, un mètre défini à l'ancienne estimation sans cesse variable, le voit-on, d'autre part, refuser avec cette ineffable mauvaise volonté qui est la meilleure de toutes les énergies, de mettre en vigueur les clauses de la convention Mackay, par laquelle il s'était engagé, non pas certes à une modification essentielle de sa monnaie, mais à une série de réformes apportant une certaine unification aux lingots et espèces circulant à l'intérieur.

II. — La Monnaie.

Mais à ces réformes touchant la monnaie s'opposent la tradition, la commodité, la philosophie même des Chinois. Ceux-ci ne renonceront pas facilement à la sûreté de transactions, à l'indépendance économique, à la pleine et métallique sincérité qu'ils trouvent dans leurs curieux usages monétaires, dont le caractère fait de réalité et de matérialité est en harmonie si parfaite avec leur esprit positiviste, matérialiste, qui ne saurait concevoir les utilisations du crédit public même les plus loyales que comme des expédients. La question technique de la réforme monétaire faisant l'objet d'un chapitre spécial (V), nous nous efforcerons de dégager seulement ici les idées philosophiques et traditionnelles qui ont conduit les Célestes à la pratique de mœurs monétaires si particulières.

Le caractère essentiellement original de la monnaie chinoise, c'est la parfaite intégralité de sa valeur : nulle distinction ici entre la qualité intrinsèque de la monnaie et sa valeur d'usage, puisque l'idée de métal n'est pas encore en Chine dissociée de l'idée de monnaie. Il n'y a, dans le système chinois, aucune fiche de crédit; la monnaie est une pure marchandise puisqu'elle reste à l'état vierge sans qu'aucune effigie ne vienne lui infliger, comme dans nos circulations plus travaillées, ce caractère de chose émanée des pouvoirs publics et créer ainsi, dans les incertitudes de l'imagination populaire, une illusion dont les Gouvernements se sont laissé parfois aller à abuser. *La Chine est le seul pays où la loi n'ait aucune part dans*

la constitution des métaux précieux en monnaie.
Voilà certes une originalité puissante et de premier aloi puisque son corollaire immédiat est le suivant : *la Chine est le seul pays où la qualité de la monnaie soit totalement indépendante des événements politiques et économiques qui atteignent l'État ou la collectivité.*

Le « taël », unité monétaire chinoise, n'est pas, en effet, comme on s'est plu parfois à le représenter, une monnaie de compte usitée seulement dans la comptabilité des banques ou de l'État : c'est le mode de libération effectif et exclusif des débiteurs par toute la Chine. Or ce taël n'est autre chose qu'un lingot d'argent, à peine dégrossi, d'un poids et d'un titre définis dans chacune de ses variétés particulières. Les pièces d'argent frappées, dites dollars ou piastres (1), qui circulent dans les ports ouverts et dans un faible rayon aux alentours ne font pas partie intégrante de la circulation monétaire chinoise : elles constituent, à vrai dire, une richesse indigène mais habillée à l'européenne pour les commodités des transactions entre Occidentaux et dont l'effigie, parfaitement libre d'ailleurs et parfaitement diverse, n'est qu'un mode tout accidentel et tout insignifiant de la matière métallique. Pour se replacer d'ailleurs sur la grande ligne des changes, ces monnaies particulières sont tenues à perdre leur individualité et sont ramenées, par une proportion définie, à la commune mesure qui est le taël ou lingot. En l'espèce donc : *la matière demeure et la forme se perd.*

Jamais les Chinois ne se sont départis de cet adage qui constitue une conception un peu fruste peut-être, mais, en tout cas, très saine de la monnaie.

---

(1) Pièces uniformes de 27 grammes au titre de 0,9. Les principales sont le dollar mexicain, le dollar de Hong-Kong, la piastre française, le dollar de Singapoor, le dollar des Philippines, ces deux derniers stabilisés.

La forme monétaire, c'est-à-dire la frappe, est pour eux moins encore qu'une contingence ; elle est superfluité vaine si elle n'agit que comme mode accidentel de la matière métallique ; elle devient une dangereuse illusion, une source d'erreurs, d'abus et de tromperies, si elle opère comme une force idéale conférant au métal un pouvoir d'acquisition différent de ses facultés positives d'échange. Il y a donc une chose que les Chinois n'arriveront jamais à admettre dans nos systèmes monétaires européens, c'est l'existence d'une puissance monétaire extérieure à la matière elle-même, se traduisant, dans la pratique, par l'usage de disques métalliques, tirant, de l'effigie représentative des pouvoirs nationaux, une valeur supérieure à leur intrinsèque réalité. De même que le philosophe matérialiste ne fait aucune différence entre les portions infinitésimales de fer entretenues dans la substance grise du cerveau et les molécules associées d'un rail, l'économiste, le financier, le commerçant chinois, ne veulent pas séparer, dans leur intraitable logique, la fonction monétaire et la fonction commerciale des métaux. De même que pour le philosophe la fonction de penser n'est qu'un mode tout accidentel de la matière métallique en alliage avec le cerveau, de même pour le Chinois la fonction d'acheter n'est qu'une des nombreuses utilités de ces précieux instruments que sont, pour l'homme, les métaux. Et, par conséquent, la logique des Célestes leur ordonne de repousser, comme étant une insensée fiction, tout rapport défini, légal et fixe entre divers métaux servant aux usages monétaires. Alors que, pour nos sociétés, la monnaie, ses lois, sa pratique sont choses *extra commercium*, soumises à des prohibitions et à des édictions légales, pour le Chinois, la monnaie est, par essence, la *res in commercio*, soumise à toutes influences commerciales, mais soustraite à toutes autres. Ce sont donc bien, là aussi, les antipodes.

Ce qu'il y a de tout à fait remarquable, c'est que les mêmes problèmes monétaires qui ont agité nos sociétés se sont présentés aussi aux Chinois et que, de l'un à l'autre monde, c'est la solution absolument opposée qui a prévalu. Tandis que, chez nous, la coexistence de deux métaux monétaires, l'argent et l'or, nous obligeait à adopter toute une série de fictions légales, destinées à enfermer, tant bien que mal, les monnaies d'argent dans un rapport fixe avec les monnaies d'or, chez les Chinois l'emploi simultané du cuivre et de l'argent, si variables pourtant l'un par rapport à l'autre, n'amenait aucune édiction et aucune mesure spéciales. De même que l'argent, à mesure qu'il se produisait abondamment, achetait moins de riz, les Chinois trouvaient très logique qu'il procurât moins de cuivre, comme il ne leur semblait pas étonnant, au point de vue extérieur, qu'il procurât moins d'or. Ils n'ont donc rien fait pour s'opposer, en faveur de l'un quelconque d'entre eux, à l'action économique inéluctable qui restreint le pouvoir d'achat des métaux précieux, à mesure de leur diffusion. Comme dans nos sociétés occidentales, cette loi a amené chez eux, avec la hausse des salaires, le renchérissement progressif de la vie ; elle y a également produit (et cela avec d'autant plus de vigueur que le métal affecté par la baisse, au lieu d'être comme chez nous, le métal accessoire, était bien le métal supérieur) cette sorte d'avilissement de la richesse possédée qui a agi, là aussi bien que dans nos sociétés occidentales, comme une heureuse tendance à la moindre inégalité des conditions sociales. Tant il est vrai de conclure avec les Chinois, les résultats généraux étant partout les mêmes, que les fictions monétaires ne sont que des commodités essentiellement passagères et légèrement puériles destinées à satisfaire des esprits attachés à cette tâche de Pénélope qui est de faire de l'ordre et du définitif avec le désordre et l'éternelle mobilité de la valeur des métaux précieux. Plus logiques, les Chinois ne cherchent pas à fixer le mouvement perpétuel, non plus qu'à figer l'insaisissable dans le moule d'un inutile creuset. Ils sont ainsi à l'abri des démentis que les variations les plus inattendues des métaux précieux donnent à nos fabricateurs de monnaie qui se sont trouvés forcés, dans un espace de moins de trente ans, de prendre des mesures contradictoires (1) qui les ont conduits en fait à la pratique d'une sorte d'échelle mobile des titres monétaires.

Les Chinois ont la sensation que les fluctuations des métaux précieux sont susceptibles d'une telle amplitude qu'il est tout aussi insensé de définir et de fixer la valeur d'une parcelle métallique que de repérer dans l'espace et le temps un point donné avec l'intention de s'y maintenir. Ils répugnent aux besognes vaines et contradictoires.

Ces mœurs monétaires, dont on ne peut nier le caractère de pleine logique, ont intrigué, au plus haut point, nos économistes et nos financiers. Certains d'entre eux y ont fait la critique suivante : agir comme les Chinois, ont-ils dit, ce n'est point avoir de monnaie, c'est s'en tenir au troc. Or si l'on convient que la pratique de la monnaie constitue une étape de la civilisation, il faut, dit-on, regretter que les Chinois ne l'aient pas encore franchie. Cette critique n'est pas fondée, puisque les Chinois ont, au même titre que nous, le concept du métal étalon et dénominateur commun de toutes les valeurs. Ils sont loin

---

(1) L'abaissement à 0,835 de nos pièces divisionnaires par suite d'une hausse de l'argent et la stabilisation à 5 francs de nos écus d'argent par suite de la baisse de ce métal.

de toute idée de troc puisqu'ils reconnaissent et pratiquent, comme véhicule de leurs transactions, un intermédiaire inévitable et constant, obligé pour tous et pour chacun, et sous l'expression duquel sont rangées les évaluations de la moindre richesse. Seulement, au lieu de pratiquer la monnaie disque, ils ont conservé la monnaie moléculaire, jugeant inutile de donner le plus petit apprêt à un métal assez précieux par lui-même pour retenir la convoitise et la considération générales.

Il est même à remarquer que c'est en Chine où la monnaie joue le mieux son rôle essentiel de dénominateur commun des valeurs, car les fluctuations des prix y sont moindres que partout ailleurs. Et cela tient à la distinction absolue que, dans leur rationalisme commercial, les Chinois ont toujours faite entre la monnaie et le crédit. Chez nous, au contraire, la monnaie voit son volume doublé, triplé, quadruplé aux époques de prospérité par une circulation toute de crédit qui se superpose à elle-même : il en résulte une véritable inflation qui pousse à la hausse subite des prix pour amener, par la suite, leur baisse soudaine au jour où, pour de multiples raisons, le crédit vient à se resserrer. Il en résulte ainsi, pour des denrées parfois de première nécessité, des fluctuations allant du simple au double dont les Chinois sont exempts, car le coût de la vie y suit seulement une marche doucement ascendante et parallèle à l'augmentation du stock métallique réel.

On a également reproché au système chinois de créer, par la diversité des lingots ou espèces employés à l'intérieur de l'Empire, de gros embarras au commerce. Mais cela ne constitue à vrai dire difficulté que pour l'Européen ou mieux pour celui qui garde en Chine une façon européenne de compter de la monnaie et d'en raisonner. Il semble au contraire que les Chinois réalisent la parfaite unité, puisque, indifférents à tout autre mode de la matière métallique, que son poids et son titre, ils retrouvent facilement par la fonte et par la pesée la valeur intrinsèque et unitaire de tout métal échangeable. Il faut au contraire remarquer que cette curieuse diversité est toute à la louange du système chinois : autant les sociétés qui ont adopté des conventions et des fictions monétaires sont tenues à faire régner une rigoureuse harmonie dans leurs étiquettes en usage, autant un peuple, qui n'a, en aucune façon, légiféré de la monnaie, comme d'une entité distincte du métal, peut aisément s'accommoder de toutes les formes qu'il plaira à ce dernier de revêtir.

En exposant un ensemble de faits et d'idées qui m'ont porté, parfois contre mon gré, à des comparaisons entre les pratiques monétaires de la Chine et les nôtres, je n'ai pas eu l'intention d'établir un parallèle entre ces différentes circulations, pour conclure finalement en faveur de l'une d'elles. Ce sont là exercices à la Plutarque et la rhétorique vieillit vite sous la pression des faits. Mais j'ai néanmoins tenu à montrer, à l'heure où le système monétaire chinois est l'objet, de la part des Américains notamment, de critiques portées assez haut pour le représenter comme tissu de ces bizarreries spéciales que nous dénommons « chinoiseries » qu'il avait au contraire, dans le milieu où il s'est cultivé, des sources traditionnelles d'une antique puissance, et dans le rationalisme un peu brutal dont il se réclame, des arguments forgés à force de logique. Les agitateurs monétaires n'ont jamais eu la partie belle en Chine ; il n'en a pas toujours été de même en Amérique, et je soupçonne fort les Chinois de ne point apprécier l'écran que fait à la bonne volonté de Jenks l'ombre de Bryan.

Ils l'apprécieront d'autant moins que jusqu'ici ils n'ont pas eu à se repentir de la fidélité qu'ils ont vouée à leurs coutumes, puisque les faits se sont chargés de récompenser ce rare loyalisme monétaire. C'est, en effet, à la parfaite qualité de l'instrument de ses échanges, que la Chine doit d'être encore une puissance financière de premier ordre.

A l'extérieur, elle lui permet de réunir, pour les emprunts qu'elle contracte en or sur les marchés européens, des souscripteurs plus nombreux, plus empressés, plus convaincus et plus fidèles que ne le pourrait faire telle ou telle puissance occidentale éduquée pourtant au régime de l'or : chose inouïe en apparence, puisque la Chine ne possède aucune parcelle de métal jaune, et ne fait aucune recette en cette monnaie. Ceux qui se constituent ainsi les créanciers de la Chine font, en réalité, confiance à l'abondant stock de métal argent dont ils la savent pourvue : par cela même, ils portent, ce me semble, un assez rude enseignement à maints économistes qui, hypnotisés, tout en s'en défendant, par l'hérétique 15 1/2 du système métrique, effrayés par les tentatives de restauration du métal blanc, formulées dans le « sixteen to one » des argentistes américains, s'en vont, répétant à l'envi que l'argent, s'il vient à descendre au-dessous de ce rapport, n'est plus digne de servir de monnaie, et que les nations qui l'emploient doivent s'en débarrasser sous peine d'une irrémédiable déchéance. Combien plus logiques, à la fois, que les uns et les autres sont, ce me semble, les Chinois qui se bornent à penser que l'or et l'argent sont deux métaux absolument mais différemment précieux, et que la question du rapport entre eux n'est jamais posée si le débiteur est de taille à maintenir la proportion nécessaire à les équivaloir. Jusqu'ici, pas plus dans les engagements librement consentis envers les particuliers que dans le règlement des formidables indemnités qui lui ont été imposées par la force, la Chine n'a faibli à la sauvegarde de cet équilibre. Cette remarquable endurance financière, elle la doit à l'exceptionnelle qualité de sa monnaie.

A l'intérieur même, les effets de cette solide constitution monétaire n'ont pas été moins heureux. Car c'est grâce à elle que la Chine a, en partie, déjoué les entreprises des étrangers et des exportateurs sur sa monnaie. Rien n'est plus difficile à un pays entièrement voué à l'exportation, comme l'a été jusqu'ici la Chine, que de conserver intact l'instrument de ses échanges. Les exportateurs sont partout d'acharnés baissiers sur le change, et n'hésitent pas à sacrifier l'avenir au gain immédiat que leur procure l'avilissement de leur monnaie d'acquisition. Si donc il avait existé, dans le système chinois, le plus petit élément de crédit, il n'est pas douteux que les exportateurs ne se fussent employés à le discuter et l'avilir, et cela avec d'autant plus de chances de succès que nous avons vu la Chine totalement démunie des moyens usités par les nations occidentales pour maintenir les éléments fiduciaires qui entrent dans la constitution de leur système monétaire. Mais le caractère entreprenant et actif des partis à la baisse s'est toujours heurté ici à l'impassible valeur du métal : il ne leur a pas été possible de brusquer les accidents dus au fléchissement de l'argent : car si l'étranger est tout-puissant contre une monnaie faite de papier mal gagé, il est démuni de toute action contre une circulation rigoureusement métallique. C'est à cette heureuse circonstance que la Chine doit de n'avoir pas cumulé une crise de crédit avec les difficultés extérieures qui lui ont été créées par la baisse de son métal, et d'avoir ainsi échappé au sort de certaines républiques sud-américaines, où la monnaie n'est plus qu'un signe détérioré, et à laquelle chaque génération d'exportateurs s'acharne à enlever quelque chose de sa valeur. La Chine est donc restée un pays sain, certains pensent encore un pays d'avenir au point de vue monnaie. Car la valeur chinoise a, plus que tout autre, une intime et personnelle force de défense, puisque sa dépréciation n'est nullement due à un vice de constitution, mais à une révolution dans le prix des métaux précieux, phénomène économique que rien n'autorise à croire absolument définitif (1), et qui a fini par tourner au désavantage extérieur de la Chine, comme, il y a quelque trente ans, il avait failli lui être très favorable.

A la bien considérer (et je ne fais ici que synthétiser les opinions de nombreux Chinois), la situation faite à la Chine vis-à-vis de l'autre étalon par la dépréciation commerciale de son métal national, paraît assez comparable à l'infériorité dont est parfois frappée, à l'intérieur d'une même nation, la classe la plus certaine pourtant des possédants par la baisse de la terre vis-à-vis d'expressions plus modernes de la richesse publique. Ces dépréciations parfois profondes, si elles sont l'occasion de déboires individuels, n'affectent en rien la qualité du sol cultivé ou la nature des produits récoltés. La terre, comme le métal argent, sont de ces richesses immanentes, absolues, qui présentent cet intéressant caractère de pouvoir fléchir sans rien perdre de leur intégralité. Tandis que, pour toutes les expressions figurées de la richesse, toute diminution de valeur implique fatalement une détérioration, la terre et les métaux précieux ont, pour ainsi dire, une personnalité dédoublée : l'une participant au siècle, affectée ou ren-

(1, Depuis 1902, le kilo d'argent est passé de 80 fr. à 105 fr., l'once standard de 2,2 à 2,9, le taël de Sanghaï de 2,70 à 3,10, à la grande stupéfaction de tous les économistes d'Europe et de tous les Européens de Chine.

forcée par les accidents passagers dont toute la charge ou le bénéfice ressortit, en réalité, au tenancier ou au détenteur, sans impression aucune sur la qualité intrinsèque de la valeur, — et la seconde, profonde, immanente, réelle comme la matière même qui les compose, soustraite à tous pouvoirs et à toutes prévisions humaines. La qualité essentielle de ces richesses, c'est qu'elles existent et que rien, ni le temps, ni les hommes, ne peut les empêcher d'exister. Les qualités ou les défauts que, selon les faits du jour, nous leur attribuons leur sont tout à fait étrangers : leur permanence leur permet de suivre, sans en être affectées, le cycle de nos révolutions économiques, et de se voir tour à tour, sans aucune détérioration ou amélioration effective, tenues très haut ou très bas dans la cote de nos estimations subjectives et passagères.

L'assimilation entre ces deux ordres de valeurs peut se préciser encore : on peut dire qu'il y a change pour le propriétaire foncier lorsque son avoir vient à passer de la forme immobilière à la forme mobilière, tout aussi bien qu'il y a change pour le Chinois lorsqu'une richesse indigène vient à se faire dénombrer sous une expression étrangère. Or, c'est seulement au cas où la conversion est faite que la relativité de ces deux richesses s'apprécie, sans que les hasards de l'équivalence aient d'influence ni sur la productivité du lingot d'argent, sous la forme intérêt, ni sur la productivité de l'hectare, sous la forme rente foncière. Or, le propriétaire terrien, dans des conditions de prix ou de change défavorable, ne considère-t-il point une vente forcée comme une quasi-ruine? Qu'y a-t-il donc d'étonnant à ce que les anciens Chinois, considérant les occasions de change comme un mal détestable, aient mis tout leur effort à tenir une abstention qui leur permit de les éviter? Et qu'y a-t-il d'étonnant encore à ce que les Chinois d'aujourd'hui, conscients de ne plus pouvoir s'y soustraire, s'appliquent, comme nous l'avons exposé, à restreindre de leur mieux les nécessités de conversion de métal à métal, en cherchant à opposer leurs dettes extérieures à leurs créances sur l'étranger pour leurs règlements internationaux. Toute cette tactique n'a pour but que de sauvegarder, à l'abri d'un équilibre ainsi constitué, le fonds monétaire national, comme toute la défense du propriétaire foncier consiste, au prix d'efforts d'abstinence et de ressources spéciales telles que l'hypothèque, à balancer la somme de ses dépenses avec le chiffre de ses revenus, pour sinon conserver intact le fonds familial, au moins le tenir le plus longtemps possible à l'abri d'une conversion définitive en sa contre-valeur mobilière. Si les Chinois d'aujourd'hui, en éduquant enfin leur change, entrent donc dans la technique financière moderne, et par cela même dans le progrès, ce n'est point en reniant les idées professées avant eux, mais bien en développant, tout en l'accommodant à la rigueur de nouveaux faits, l'ancienne et primitive logique.

Mais ce qui, chez le Chinois, n'est pas susceptible d'évolution, c'est la notion que ce que nous appelons les « fluctuations » du métal ne sont que des accidents qui n'entament en rien la pleine valeur de sa monnaie; le plus ou le moins ne s'apprécie pour lui qu'en quantité puisque là seulement est l'élément certain, définitif et durable et qu'il lui paraîtrait puéril, ayant à sa portée un mode d'évaluation aussi complet que la pesée, d'aller mesurer sa richesse à l'aune quotidiennement variable du change. Si peu éduqués qu'ils soient donc à la pratique des questions financières, les Célestes ont l'intime et profonde conscience de toute la qualité de leur monnaie. Personne, ni Européen, ni Américain, ne les amènera à convenir qu'un système aussi simple, aussi franc, aussi sain, puisse en quelque part se trouver défectueux. Et je les vois bien plus, à mesure que leur éducation financière se fera, nous répondant, avec quelque ironie, écus latins, pesetas espagnoles, beautés du cours forcé ; commentant le long enfantement du rouble, s'émerveillant à la rapide genèse de l'hypothétique yen or si difficile à apercevoir sous le riche vêtement du papier qui voile mal l'indécision et la fragilité de son état.

Tout économiste et tout financier impartial doit apprécier au moins la tenue du système monétaire chinois ; sa parfaite indépendance à l'égard de la contrainte législative ou gouvernementale, sa pleine franchise, son abondance et sa sécurité métalliques, sont des garanties de premier point lui constituant une originalité de grand ordre. Si le hasard des choses avait voulu que l'argent maintînt ses prix, la Chine aurait opposé aux tentatives européennes une barrière presque infranchissable puisqu'il aurait fallu aux Occidentaux une grande quantité de leur monnaie pour y acquérir des deniers locaux : les importants capitaux nécessités par une installation commerciale en Chine auraient, à coup sûr, arrêté beaucoup d'entre eux. Il est très curieux d'ailleurs d'observer que la grande baisse de l'argent, tout comme l'eût fait la grande hausse, a contribué à maintenir la Chine dans le quasi-intégral isolement, qui, même à l'heure actuelle, lui demeure cher. Favorisés par la multiplication des espèces locales au contact des valeurs européennes, les Occidentaux ont trouvé de grandes facilités à un premier et superficiel établissement : mais, d'autre part, dominés par la crainte d'être ruinés au point de vue européen tout en restant riches en Chine, s'il leur arrivait de fixer leur avoir sous la forme locale, ils se sont abstenus ici de toute idée d'implantation définitive. Cette tactique, nous l'allons voir à l'instant, a complètement dominé la politique des banques européennes en Chine. De sorte que la baisse de l'argent qui facilitait d'une part l'entrée des Européens en Chine, de l'autre les empêchait de s'y maintenir, tandis que la hausse de l'argent qui eût annihilé bien des tentatives aurait fatalement amené la naturalisation effective des rares capitaux européens doués d'une force de pénétration suffisante. Pratiquement le résultat est le même : la hausse de l'argent eût été le mur d'airain qui par les difficultés de sa pénétration rebute les moins armés, la baisse de l'argent a fait office de ce sable léger mais mouvant qui ne permet à personne d'élever une construction durable et définitive.

CHAPITRE II

DU COMMERCE DE BANQUE EN CHINE

I. — Banques indigènes.

Le change et la monnaie étant, en Chine, des spécialités, il devait en résulter pour le commerce de banque une direction et une pratique toutes particulières, et cela tout naturellement puisque les banquiers sont partout les ouvriers du change et qu'ils vivent plus que personne en constante intimité avec la monnaie.

Pour intéressantes qu'aient paru, à tous ceux qui ont parcouru l'intérieur de la Chine, les opérations de banque pratiquées par les Chinois entre eux, leur description en est peu abordable à qui n'a pas fait dans les milieux indigènes une véritable élection de domicile. C'est surtout au change des deux métaux de circulation, le cuivre et l'argent, que sont adonnés les banquiers qu'on ne voit nulle part si nombreux et mêlés si intimement à la vie populaire. Alors que, dans nos sociétés, le commerce de banque va de plus en plus à la concentration, il est, en Chine, divers et multiplié à l'infini. Nulle part ailleurs les occasions d'y recourir ne sont aussi fréquentes : pour tout coolie, toucher le prix de sa journée et en faire emploi, nécessite un ou plusieurs passages chez le banquier ou changeur. Il existe en outre, dans les milieux indigènes, une grande circulation d'effets bancables, et aussi d'effets créés par les banques elles-mêmes, qui leur font jouer, pour le commerce des transactions, un rôle pratiquement analogue à celui de nos billets. Mais ceux-ci ne font jamais que représenter la monnaie sans la remplacer : confinés dans un cercle très limité, ils n'ont de vie que ce que chacun se plaît à leur en accorder. Ils ne constituent rien d'autre que des commodités instituées par une banque entre ses seuls clients et ne sauraient en rien cacher au public les réalités métalliques dont ils sont eux-mêmes si peu distincts.

Les Chinois pratiquent en outre, sur une large échelle, les prêts de toute nature dont les occasions, dans une population surabondante et active, sont très fréquents : les avances sur gages, sur marchandises sont largement traitées, les monts-de-piété existent en Chine, de toute antiquité, et y sont très florissants. Les Chinois ne paraissent pas toutefois s'être élevés à la conception de ce que nous appelons la « finance »; il est certain que les notions sur l'utilisation industrielle du capital, sur le rendement des forces économiques sont, chez eux, très rudimentaires. Profondément individualiste, le Chinois ne sort de lui-même que pour devenir presque aussitôt communiste. L'association du capital et du travail, en vue d'un maximum de production donné, lui est inconnue. Les seules sociétés industrielles à forme capitaliste existant en Chine sont dirigées par des comités d'Européens pour le compte de Chinois actionnaires ou commanditaires : telles sont toutes les entreprises de grand cabotage indigène, certaines sociétés minières comme la fameuse « Engineering and Mining and Cº » du Petchili, les sociétés de touage, de re-

morquage, d'exploitation de docks existant dans les ports
européens. Le Chinois ne conçoit, par lui-même, d'autre
emploi de l'argent que le simple prêt dont le haut intérêt
doit être payé au moyen de bénéfices réalisés sur des
opérations purement commerciales d'achat et de revente.
Les travailleurs, lorsqu'ils échappent à la corvée
d'État ou au servage pour le compte d'un patron puissant, ne connaissent qu'une forme d'association qui est le
régime corporatif à tendances nettement communistes. Or,
ces deux états, individualisme ou communisme, boutique
ou phalanstère, sont aussi contraires l'un que l'autre au
groupement des valeurs économiques et à l'utilisation des
forces sociales tels que les pratiquent en Europe les
« financiers ». Cela explique pourquoi les Chinois, voués à
une production industrielle très limitée, se sont, en entier
reportés sur le commerce où ils ont excellé au point de
fermer l'accès des milieux indigènes à tous autres négociants étrangers.

En somme, les banques chinoises sont remarquables
par l'intensité plutôt que par la diversité de leur trafic :
s'adaptant aux plus modestes usages, elles ne connaissent pas de minimum à l'infiniment petit, tandis qu'elles
se trouvent très vite bornées dans la pratique des opérations qui mettent en œuvre des qualités de longue prévoyance et de spéculation. Elles ne sont pas arrivées à
mobiliser pour trafiquer de ses représentations industrielles ou commerciales, la lourde richesse métallique qui
continue à les dominer, peut-être même à les asservir.

II. — Banques européennes.

A. — *Banques de change.*

Bien autrement intéressant est le commerce mené en Chine par les banquiers européens car il s'y est mêlé, dès l'origine, un impérieux problème de change auquel la solution la plus élégante et la plus profitable a été donnée. Bien que des faits nouveaux tendent aujourd'hui à présenter la tactique suivie par les banques occidentales comme un expédient d'une adresse un peu fanée plutôt que comme une solution définitive, il n'en est pas moins vrai que la *position* à laquelle les banques anglaises d'Extrême-Orient ont dû leur extraordinaire fortune, continuera à régir longtemps encore une certaine spécialité et qu'elle sera toujours la seule possible pour des succursales vouées sur place aux affaires d'exportation et fortement rattachées à la fortune d'une banque mère sise en Europe, et destinée à unifier, dans une même centralisation, toutes les forces de l'actif social.

Les différentes succursales fondées en Extrême-Orient depuis vingt-cinq ou trente ans par la Hong-Kong and Shanghaï Banking Corporation, la Chartered Bank, la Banque de l'Indo-Chine, la Banque russo-chinoise, ont nécessité au profit de chacune d'elles une délégation d'une portion du capital social général, fraction destinée à l'exercice même du commerce de banque sur place. Mais ce capital, constitué en livres, roubles ou francs, c'est-à-dire en une monnaie d'or, n'a pu être employé utilement en Chine qu'à la condition de passer sous le régime de l'argent métal. Il a donc fallu qu'il adoptât un déguisement sans toutefois rien perdre de ses qualités et de sa puissance originelles, puisque, *pris en charge par la banque, comme métal européen, il doit être conservé et restitué par elle sous cette forme et à ce titre.* Ce capital d'exploitation ne peut donc se naturaliser, il est nécessaire qu'il se conserve intégral sous sa rubrique nouvelle, qu'il revête pour ainsi dire une blouse de travail sous la protection de laquelle il se maintienne identique et constant. Or, c'est tout un problème que d'accommoder ce vêtement temporaire et de façade aux nécessités quotidiennes, car pour peu qu'on n'y prenne pas garde, il risque de se tourner en tunique de Nessus, c'est-à-dire de déformer, de consumer et finalement d'anéantir ce qu'il a charge de protéger.

Comment donc les banquiers européens d'Extrême-Orient ont-ils paré à ces risques de déformation et de perte? Par quels procédés les établissements financiers opérant en Chine ont-ils réussi à préserver des aléas du change une richesse européenne étiquetée sous la rubrique indigène? Comment ont-ils fait pour concilier les responsabilités occidentales que leur créait leur situation de débiteurs de capitaux en or et les nécessités d'un commerce journalier où ils ne maniaient que du métal argent? Comment sont-ils arrivés à s'assurer des bénéfices réguliers et certains au milieu de la continuelle instabilité du prix de l'argent? Comment ont-ils pu traduire ces bénéfices par des *dividendes en or, par des salaires en or,* alors que la baisse profonde du métal argent a parfois affecté d'une dépréciation annuelle de 20 p. 100 leur encaisse active d'Extrême-Orient? Comment ont-ils fait pour garder aux espèces utilisées par eux dans le pays de la pleine circulation argent leur valeur de change, la seule qui, au point de vue de la balance générale des affaires sociales, leur importât? Quelle est, en un mot, la méthode de défense, la stratégie financière que les banquiers mêlés aux affaires sans trêve, ni merci, ont adoptée pour garantir leur capital d'exploitation des vicissitudes du change?

La question est complexe et l'apparence même des faits semble la vouloir obscurcir, puisqu'elle nous représente chacun de ces établissements financiers comme pourvu d'une abondante encaisse métallique indigène, constituée, sommes-nous du moins portés à le croire, par l'acquisition à beaux deniers d'or comptant, de lingots d'argent. Il n'est pas jusqu'au mouvement d'espèces entretenu autour de leur hall qui n'ait fait pénétrer dans l'esprit du dernier passant, la conviction que les banques sont de puissants possesseurs de monnaie. Le crédit de la banque chez le populaire, vit même en partie de ce préjugé. Or, si cette vision était conforme à la réalité des faits, il serait hors de doute que les succursales des banques européennes en Chine, avec leur provision de métal blanc sans cesse déprécié depuis vingt ans, auraient déjà dû coûter très cher aux établissements métropolitains.

Il n'en sera plus ainsi si l'on parvient au contraire à démontrer que de toutes les espèces indigènes retenues dans les banques de Chine, aucune ne leur appartient en propre et que toutes leurs opérations se pratiquent sans qu'il soit nécessaire pour elles de se charger d'une réserve de métal acquise au prix d'une conversion toujours dangereuse. Car la défense contre le change *se résout en un système d'engagements à découvert sur la monnaie chinoise sans échéance ni obligation de rachat fixes.* C'est en usant de leurs facultés et de leurs crédits d'Europe à titre de couverture pour leurs engagements d'Extrême-Orient, que les banques sont arrivées à éluder l'obligation, si redoutable pour elles, d'une possession effective.

Il reste à décrire comment une position aussi curieuse et aussi anormale de banque a pu être créée et maintenue. Car, au rebours de nos établissements financiers d'Occident qui regorgent de numéraire et de capitaux de toutes sortes, chaque succursale d'Extrême-Orient, si l'on en faisait la liquidation individuelle, se présenterait avec une série d'engagements locaux sans aucune contre-partie à l'actif. Ces succursales ont, pour ainsi dire, une position retournée, puisque loin de se préoccuper d'amener leur actif au niveau et au-dessus de leur passif, elles paraissent creuser avec un inlassable entrain leur propre déficit. Et cela est fort heureusement conçu, car *elles mourraient de leurs créances, tandis qu'elles vivent, et très à l'aise, de leurs dettes.*

Les engagements à découvert de la banque sur le métal indigène sont obtenus :

1° Par une importante circulation de billets ;

2° Par l'ouverture de comptes courants alimentés et vidés d'une façon toute particulière ;

3° Par un ensemble de prêts effectués en argent et remboursables en or sur marchandises d'exportation en « godowns » (magasins) ;

4° Par la volonté systématique de la banque de négliger toute contre-partie aux engagements locaux qu'elle s'est ainsi créés, de fermer son guichet à toute richesse signifiée en argent sous quelque forme qu'elle se présente, c'est-à-dire en s'abstenant des opérations suivantes : acquisition de créances indigènes par le moyen de l'escompte, acquisition d'espèces indigènes pour la constitution et l'entretien d'une encaisse métallique, création de droits réels à son profit sur une valeur chinoise au moyen de prêts hypothécaires ou sur gage, immobilisations ou affectations de toute nature ; en n'ejeant, en un mot, ni encaisse ni portefeuille indigènes.

Et d'abord les billets : la circulation intérieure sur toutes les places européennes d'Extrême-Orient est en grande partie assurée au moyen de billets émis par les différentes banques sous le régime de la liberté et de la pluralité de l'émission, sans autre c...trôle que celui institué par la banque elle-même, sans autre limite que les besoins du public et sa confiance aux signatures représentées dans les vignettes. Ces billets sont de simples effets de commerce, ils ne mettent en œuvre aucun élément de crédit public, si bien que leur falsification ne peut faire l'objet d'une répression au titre social, mais seulement d'une recherche pour escroquerie au préjudice d'un particulier. Ils ont tous une circulation strictement locale, « local currency », restreinte à la place même où ils ont été émis : cela est fait pour ne point tarir la source des profits que les banques retirent des virements de fonds, effectués de succursale à succursale. Un billet de la banque de l'Indo-Chine, émis par la succursale de Shanghaï, par exemple, ne peut être négocié à Hong-Kong qu'en subissant un « discount » équivalent à la commission exigée par cette même banque pour le transport de fonds de l'une de ces places à l'autre.

Il en résulte que ces billets ont à la fois une circulation très intense puisqu'ils assurent presque à eux seuls les transactions de tout ordre effectuées à l'intérieur d'une concession européenne, et très restreinte puisqu'ils n'en franchissent guère les limites.

Un observateur attentif ne manquera pas, au premier abord, de s'étonner qu'une banque qui ne fait ni escompte ni prêts hypothécaires ou chirographaires, ni emploi réel de ses facultés sur place, puisse avoir besoin de billets locaux destinés à mobiliser une encaisse et à représenter un portefeuille qui n'existent ni l'un ni l'autre.

C'est qu'en effet, le billet émis en Chine par les banques européennes ne peut être compris si on ne le différencie totalement de ses congénères occidentaux. Il ne faut voir en lui qu'un simple effet de change, reporter toute son utilité à l'économie qu'il permet à la banque de faire sur le métal dangereux et le considérer comme *générateur d'une monnaie nouvelle qui emprunte aux espèces locales leur dénomination et leur genre tout en gardant ses origines et ses garanties européennes.* Là réside la grande originalité du billet local des banques d'Extrême-Orient : elle est tout entière dans ce dualisme entre son usage et sa garantie. Aux mains d'indigènes, de commerçants locaux, sous ses inscriptions en caractères étrangers, sous sa vignette aux expressions cosmopolites, le billet conserve une âme européenne. Il est ici l'instrument du crédit européen et s'il adopte une façade locale, c'est pour ne pas paraître dépaysé entre les lingots, les piastres, les taëls qu'il côtoie. En apparence, il se confond avec eux puisqu'il exprime ces valeurs mêmes ; en fait, c'est un simple effet de change soutenu de toute la force du crédit européen. Il permet à la banque qui l'a créé de réaliser l'unification en une seule substance monétaire de tous les engagements sociaux, de sorte que cet effet qui s'exprime en une monnaie d'argent, s'appuie en réalité sur la seule force de la banque qui est sa réserve d'or et son portefeuille de créances européennes réalisables en cette monnaie. Il lui évite ainsi la possession effective d'un stock d'argent et la met dans la situation d'une maison de commerce ordinaire d'exportation *ayant son siège en Europe et sur laquelle un créancier chinois tirerait des traites en taëls ou piastres.* Là est tout le vif de la question : la banque qui paraît être en Chine reste en fait en Europe. Mais aussi ce billet est, en réalité, une traite

sans échéance fixe que la banque peut pendant de longues années laisser s'amortir de toute la baisse du métal
dont elle la constitue débitrice.

Il n'y a pas à insister plus qu'il ne convient sur le supplément de sécurité que cette substitution confère à ce billet. Qui peut le plus peut le moins et qui s'est créé une dette
en argent est bien fort s'il en détient l'équivalent en or.
Remarquons, en passant, que cette substitution s'exerce,
chez nous, dans un sens inverse, puisque les billets de la
banque de France, circulant à parité d'or, sont garantis,
pour une certaine proportion, par une encaisse argent
comptée au taux de l'Union latine.

L'effet de l'ingénieuse substitution réalisée par le billet
est si profond que la situation apparente de la banque s'en
trouve absolument renversée. Loin d'être un détenteur
d'argent et d'avoir par là même position d'acheteur sur ce
métal, la banque en est toujours vendeur à découvert
pour toute la somme exprimée par ses billets et ses comptes courants avec, pour couverture, l'ensemble de ses crédits européens. L'obligation née des uns et des autres se
résout, en effet, en « *un engagement à livrer* » de la
quantité de métal nécessaire à leur remboursement. Toute
banque européenne opérant en Chine est donc naturellement, en l'absence même de tout instinct spéculatif, à la
baisse sur l'argent, puisque, à tout fléchissement de ce
métal correspond une augmentation de la force libératoire
de l'or. Il en résulte que ce passif représenté pour elle par
sa circulation billets, par les comptes de ses clients, s'amor-
tit de lui-même chaque fois que la quantité d'or nécessaire
pour le couvrir devient moins forte. Le pour cent de cet
amortissement, sur un temps donné, est exactement égal
au chiffre qui exprime la dépréciation subie, dans la
même période, par le lingot d'argent.

En effet, tout billet émis par une succursale de Chine lui est payé, au moment même de son émission, par une remise de traites sur l'Europe qui en constitue la contre-valeur établie selon le cours du change en vigueur au jour de la transaction. Cette traite envoyée en Europe est encaissée par le siège social qui voit ses ressources accrues d'autant. La dette en Chine continue à courir *sine die* : or, c'est cette dette que les banques ont eu la satisfaction de voir s'abaisser de plus de moitié entre les dates extrêmes de 1865 et de 1902 qui constituent, jusqu'ici, les deux pôles des fluctuations de l'argent. Il en résulte qu'une banque qui aurait émis en 1875 par exemple pour un million de taëls de billets, et aurait de ce fait crédité son siège social de sept millions de francs, n'aurait plus besoin aujourd'hui, si elle voulait consolider ce passif, que de le débiter de trois millions et demi environ. A une certaine époque de 1902, elle se fût même rachetée à moins de trois millions. La différence reste à la banque à titre de plein bénéfice.

Les usages spéciaux aux comptes courants complètent fort heureusement l'usage des billets. Ils permettent à la banque d'avoir pour ses opérations quotidiennes une encaisse effective qui n'est qu'apparente puisque, loin de la charger d'un stock de métal, elle l'en constitue débitrice. La banque vit ici, non pas, comme en Europe, de la mobilisation de ses créances, mais de la mobilisation de ses dettes. Jouer de ses dettes comme ailleurs on joue de ses créances, utiliser du passif où d'autres ne peuvent mettre en œuvre que de l'actif est un assez joli tour de force destiné à faire très belle recette.

Les banques européennes de Chine concentrent entre leurs mains la fortune de tous les résidants occidentaux. Elles en sont les dépositaires et c'est le public qui constitue, en réalité, leur encaisse active. Le jeu des comptes courants permet ainsi à la banque de s'alimenter chez ses clients d'espèces locales pour lesquelles l'aléa du change s'exerce en sa faveur et contre eux. La banque, il est vrai, doit toute son encaisse, mais il n'y a pas à faire état d'une dette qui n'est jamais soldée, *in specie*, mais seulement par une équivalence de métal à métal que la baisse de l'argent rend chaque jour moins onéreuse pour la banque.

Les comptes courants sont administrés de la façon suivante : la nature encombrante des espèces métalliques fait qu'elles refoulent tout naturellement des particuliers à la banque. D'autre part, la fortune de chaque résidant étant ici dans un perpétuel devenir et n'ayant point adopté une forme définitive, il s'ensuit que les rapports des établissements de crédit avec leurs clients sont assez fréquents et assez étroits pour leur amener les disponibilités de chacun. Le jeu des échanges est donc réglé ici de telle sorte qu'aucune opération pratiquée par la banque ne s'accompagne d'une sortie effective de métal : tout l'argent possédé par les particuliers étant concentré dans les établissements de crédit, les dettes et les créances locales de chacun se règlent naturellement par des virements de compte intérieurs ou de banque à banque. D'autre part, toutes les liquidations définitives des comptes nécessitées par les réalisations de bénéfices, les fortes remises extérieures, les départs, se font non pas en taëls, mais en francs, schellings, roubles ou marks, de sorte que la banque apure son compte vis-à-vis de son client, au moyen d'une traite en monnaie étrangère, et qu'elle recouvre ainsi la pleine possession des monnaies locales qu'elle n'a d'ailleurs jamais cessé, à aucun moment, de détenir et cela, avec la même permanence, quoique débitrice, que si elle les eût possédées en propre. Le point important pour elle, est, là, comme pour les billets, de savoir à quel prix s'est faite la consolidation du passif que représentait le compte créditeur du client. Plus le change est bas, plus grand est, chaque fois, le bénéfice réalisé, qui consiste dans l'amortissement de tous les engagements locaux de la banque au fur et à mesure de la dépréciation de la barre d'argent.

Une troisième source de profits est assurée à la banque par le système des prêts sur marchandises consentis aux exportateurs. Ce contrat très spécial et assez compliqué est très intéressant, car il montre à merveille combien le commerce de banque est lié, en Chine, au commerce d'exportation, à quel point ils ont, l'un et l'autre, des intérêts, des visées, des espoirs identiques. Son étude sera en grande partie l'objet du chapitre suivant : qu'il nous suffise de dire, pour l'instant, qu'il se résout de la part de la banque en une vente au comptant de monnaies d'argent contre un achat à terme de créances sur l'Europe. Dans cette opération, la banque abandonne à l'exportateur tout son bénéfice de change puisque, comme elle, celui-ci est constamment orienté à la baisse et que, dans *les prévisions de l'un comme de l'autre, il y a toujours avantage à avoir terme pour s'acquitter d'une obligation indigène.* Mais ce que la banque y trouve, c'est la seule occasion qui lui soit offerte de faire un prêt à gros intérêts qui ne contrarie pas sa tactique générale et ne vienne pas nuire à *l'harmonie préétablie de toute une position inclinée à la baisse.*

Les banques sont jusqu'ici demeurées des « comptoirs de change » parce qu'elles n'ont jamais voulu fixer d'une façon quelconque tout ou partie de leurs facultés sous l'expression définitive de la valeur indigène par suite de la constante dépréciation de son unité monétaire. Ce dont elles se sont gardées, avant tout, c'est *la transformation* à *long terme ou à terme indéfini d'une créance euro-péenne en sa contre-valeur locale.* Par conséquent, les banques ont obstinément fermé leurs caisses comme leur portefeuille à toute richesse signifiée en argent. Elles ont donc fui toute immobilisation dont l'effet eût été de leur donner sur une valeur chinoise une *situation de déten-teur* et, par là même, une *naturelle position spécula-tive d'acheteur.* Car c'est proprement la même chose que de posséder en toute propriété en ses caveaux deux ou trois millions de taëls d'argent ou d'avoir en portefeuille la même somme représentée par des créances à l'escompte ou, au dehors, le même intérêt constitué par des partici-pations industrielles locales, des maisons, des terrains, des usines, des prêts. La baisse atteint d'une même dé-préciation ces trois catégories de valeurs classées sous la même rubrique monétaire. Et vis-à-vis de cette richesse indigène la tactique est très simple : non seulement on doit faire en sorte de n'en jamais posséder une parcelle mais il faut, à tout prix, s'en créer débiteur. Et la banque réalise cette situation par sa circulation billets et la tenue des comptes créditeurs de ses clients où toute valeur est, à son entrée, strictement convertie en taëls ou dollars d'argent. Tout ce passif lui devient moins lourd lorsque la valeur de l'unité d'expression s'en abaisse et l'on peut vraiment dire, en cette occasion, que *plus une banque a de dettes, plus elle s'enrichit.*

L'obligation de la possession étant impossible à éluder en matière immobilière, les banques tiennent ici, comme règle de toute conduite, le contre-pied de notre vieille maxime juridique en disant : *Res immobilis res vilis.* Elles se confinent donc dans une simple manutention de papier. Car là elles n'ont pas à se préoccuper d'immobi-lisations et de constitutions de réserves toujours dangereuses : il leur suffit, pour y bien faire, d'un fonds de roulement. Les habitudes de toutes les places d'Extrême-Orient réduisent ce capital de travail au strict minimum et encore est-ce le commerce par ses dépôts qui s'en constitue le pourvoyeur.

Sur de telles assises, la banque n'a plus rien à craindre de la baisse ; *elle est parée*, au contraire, *pour l'attendre et pour en profiter*. Car elle est profondément et uniformément vendeur de valeurs et d'espèces chinoises, sa richesse locale apparente n'est que l'ensemble de ses dettes ; *tout ce qu'elle détient, elle le doit*. Et ces dettes sont actives et fructueuses à l'égal des plus belles créances, car la banque se les est créées, non pas à la façon d'un prodigue ou d'un fils de famille par des opérations inconsidérées ou des spéculations mal engagées, mais bien en acquérant des valeurs européennes qui ont renforcé ses crédits métropolitains, facilité ses remises, accru sa puissance d'action. La baisse attendue, normale, rend chaque jour ses acquisitions plus fructueuses par suite de la dépréciation des contre-parties. Aussi voyons-nous tous les établissements financiers européens d'Extrême-Orient rechercher avec âpreté toutes les traites sur l'Europe : pendant la guerre de Chine, ils ont fait le meilleur accueil à toutes les traites militaires, ils usent chaque jour largement des couvertures télégraphiques sur l'Europe contre remise immédiate de fonds chinois, tandis qu'ils ne pratiquent l'opération inverse c'est-à-dire l'achat de taëls contre remise de traites sur l'Europe que dans la proportion où les mouvements de leur clientèle leur en font presque obligation. — Je n'en retiendrai pour preuve qu'une remarque de l'ordre pratique et journalier : il est d'usage en Chine que les négociations entre les banques et leur clientèle soient confiées aux soins d'intermédiaires dénommés brokers. Ces courtiers qui ne jouissent d'ailleurs d'aucune investiture officielle ou légale sont rémunérés au moyen de commissions proportionnelles aux affaires qu'ils apportent à la banque dans les mêmes conditions qu'un « placier » de commerce ordinaire. Mais la banque ne consent à leur accorder de remises que pour les traites européennes présentées par eux à son encaissement, c'est-à-dire pour les seules transactions qui sont, pour elle, l'occasion d'une vente d'argent. Dans le cas inverse, c'est-à-dire lorsque ces courtiers réclament à la banque une traite européenne contre remise d'espèces locales, l'établissement leur dénie tout courtage, jugeant leur office au moins inutile sinon défavorable : en réalité ce sont les clients eux-mêmes qui, dans ce dernier cas, en prennent charge.

En fait, la première occasion importante de change que les banques aient eue, d'espèces chinoises en leur contre-valeur européenne, leur a été fournie par le règlement des échéances d'indemnité dont les ont chargées les puissances auxquelles elles ressortissaient le plus directement ; et, encore, n'ont-elles accepté cette fonction si contraire à leur attitude générale que pour des raisons politiques et par suite des bénéfices spéciaux que savent toujours s'assurer d'avisés négociants lorsqu'ils se font intermédiaires entre deux États attachés à leurs intérêts politiques et peu aptes à la rigoureuse estimation de valeurs commerciales qui leur sont, l'un à l'autre, étrangères. D'ailleurs, dans le consortium institué, pour cette mission, entre les banquiers, il n'y a jamais eu unité de vues et accord complet. Certaines banques, soustraites par les obligations et les privilèges d'une charte à la simple logique commerciale, comme la Russo-Chinoise et la Banque de l'Indo-Chine, n'ont jamais vu, dans le rôle particulier qui leur

était dévolu, qu'un moyen de prélever, par une appréciation volontairement dédaigneuse de la valeur des espèces
chinoises, un profit d'une ampleur véritablement orientale. Les banques de seul change, les banques anglaises,
au contraire, se sont toujours montrées assez peu em-
pressées à l'absorption forcée de métal dont elles se
trouvaient ainsi gavées, en opposition avec leur tactique
générale. Aussi dédaignant les profits immédiats qu'elles
réalisaient sur le change en cette opération particulière,
ont-elles toujours tendu à replacer sous le régime de la
liberté commerciale l'importante transaction qui en avait
été détournée par un acte diplomatique. Nous avons vu
(chapitre Ier) que leur thèse avait fini par s'imposer, et
qu'aujourd'hui les Chinois traitaient avec les banques
pour le règlement des indemnités, à peu près au même
titre que l'ordinaire clientèle.

Car le système de banque tel que nous venons de
l'exposer est essentiellement anglais, d'invention, de pratique et d'intérêts. Il est intégralement mis en application
à la Chartered Bank et à la Hong-Kong Shanghaï Bank
où l'on voit le front des dirigeants se rembrunir chaque
fois que la dépêche quotidienne leur portant le cours de
l'argent parvient en hausse. L'historique de la Hong-
Kong Shanghaï Bank, le plus important des établissements financiers européens d'Extrême-Orient, nous démontre d'une façon lumineuse cette orientation. Cette
banque fondée avec un capital de dix millions de dollars
argent de Hong-Kong a été rapidement amenée, au début
de la grande baisse de ce métal, par une judicieuse inter-
prétation de la « tendance », à s'assurer une réserve d'or
constituée par l'aliénation d'une partie du capital argent.
Cette réserve a été, par la suite, soigneusement aug-
mentée chaque année de sorte que, aujourd'hui, le capital

argent, transmué en or, par une sorte d' « alchimie financière », a disparu et que la balance des comptes sociaux, les salaires, les dividendes, la cotation même du titre à Londres ont pu être réalisés en sterling. Cette transmutation une fois opérée, la banque n'a pas eu à modifier sa conduite : après avoir vendu le métal constitutif d'un capital qu'elle possédait en propre, elle est demeurée vendeur mais cette fois à découvert. Attitude différente seulement dans les résultats et les profits puisque la situation de vendeur de comptant n'est jamais qu'une mesure de retraite, de défense, un effort de moindre perte tandis que la position de vendeur à livrer a toujours un caractère nettement offensif et que les gains qui en découlent sont de plein bénéfice.

Cette constante préoccupation du change a eu sur l'évolution des banques européennes en Chine de bien remarquables conséquences : elle les a conduites tout droit à pratiquer l'*absentéisme*. Sur ce sol particulièrement dangereux les banques n'ont jamais voulu prendre pied ; elles sont demeurées sur la rive orientale du Pacifique, de Hong-Kong à Tien-Tsin, de simples comptoirs financiers dont l'installation, admirablement mobilisable, n'avait rien à redouter des cataclysmes politiques ou économiques qui ont si souvent affecté la Chine. Toute possession chinoise est sujette à de brutales évictions ou à s'étioler lamentablement au regard des valeurs européennes, par la constante dépréciation de son unité d'expression. Le problème suivant s'impose donc : être en Chine tout en n'y étant pas. La seule solution, répétons-le encore, était dans l' « absentéisme ».

Cette tactique faite à la fois de prudence et d'audace a été dictée aux banques par des raisons d'une nécessité impérieuse. Des financiers, désireux de conserver aux capitaux qu'ils administraient leur valeur européenne intégrale, ne pouvaient fonder en Chine que des « *banques de change* » et non point des « *banques d'affaires* », c'est-à-dire des comptoirs ne figurant, pour leurs opérations locales, qu'au passif général de la banque mère et non point à l'actif. Il est démontré que, sous les conditions de change, usitées depuis vingt-cinq ans en Chine, plus une banque y possédait de richesses effectives, plus elle s'y appauvrissait, tandis qu'à chaque dette contractée correspondait un amortissement par le change source d'un important bénéfice social. Il est certain qu'une banque d'affaires qui aurait, il y a vingt ans, transformé son capital européen en acquisitions chinoises, représentées par un actif immobilier, des prêts hypothécaires ou chirographaires, des participations industrielles à des chemins de fer et à des mines, qui se serait, entre temps, constitué et entretenu par l'escompte un portefeuille de créances et de valeurs indigènes, verrait aujourd'hui son capital primitif comme fondu de plus de moitié. Les bénéfices extraordinaires qu'elle eût pu recueillir sur le taux élevé de l'intérêt, par la plus-value de son actif immobilier et industriel, seraient tout juste suffisants, en mettant les choses au mieux, pour faire face à la dépréciation du change. Et encore faudrait-il supposer qu'une banque de cette sorte, immédiatement après le paiement de ses frais généraux, eût prélevé chaque année, avant toute répartition, une somme suffisante pour maintenir l'intégrité de son capital européen. Cette prime d'assurance à l'entretien du capital aurait, le plus souvent, dépassé et englouti le bénéfice annuel quelque important qu'on veuille bien le supposer.

Tout différent a été le cas d'une banque de change à laquelle la dépréciation des espèces et valeurs ambiantes apportait, chaque année, un amortissement gratuit de ses dettes, tandis qu'elle donnait à l'or, son instrument de travail, toujours plus de solidité et de tranchant. La position d'une banque européenne ainsi établie pourrait être assez justement comparée à la situation favorable qui serait faite à une usine qui verrait, à la fois, baisser le coût de ses matières premières et de sa main-d'œuvre et se maintenir le prix de ses produits fabriqués. La matière première est représentée ici par le métal argent, la main-d'œuvre par les dépenses d'installation et d'exploitation locales, le personnel indigène, et les frais généraux soldés sur place en taëls, et les produits fabriqués par ces traites et ces remises acquises sur l'Occident et dont la valeur constante est, dans nos supputations européennes, le seul mode d'évaluation de toute richesse.

En somme, le rôle, la tactique, les vues du commerce de banque tel que les Européens l'ont jusqu'ici pratiqué en Chine, peuvent être résumés dans les deux propositions suivantes :

1º Par suite de l'instabilité des valeurs exprimées en espèces locales et de l'adoption contre les aléas du change d'un système de défense préétablie, toute la tactique des banques en Chine a consisté à fuir toutes immobilisations, tous emplois locaux de capitaux et à se confiner dans une simple manutention d'effets de change.

2º Indispensables au négoce, puissants agents d'affaires à l'exportation, nuls à l'importation, les banques européennes n'ont rien fait pour acclimater en Chine les capitaux européens, pour activer la pénétration de l'industrie occidentale dans ce vaste empire, pour y seconder l'action utile des Gouvernements d'Occident, et constamment préféré la sauvegarde d'intérêts privés à la préparation d'un avenir dont les perspectives, par leurs incertitudes et leurs aléas, dépassaient l'envergure de simples négociants plus attachés à conquérir des bénéfices immédiats et pratiques qu'ambitieux de jouer le rôle de pionniers de la civilisation européenne.

A vrai dire, ces idées et ces principes sont en passe d'évolution. Il y a des tendances nouvelles : le système du tout au change, accusé d'être incomplet, est, par surcroît, menacé de désuétude. Certains croient même que ce régime a fait le plus beau de son temps puisqu'il ne répond plus aussi bien aux efforts tentés par l'Occident pour la pénétration européenne en Chine qu'aux conditions d'un change qui, depuis trois ans, paraît orienté à la hausse. Ils répètent que l' « absentéisme » ne saurait constituer qu'un expédient temporaire et non point un système définitif, que l'avenir est aux affaires, à l'exploitation sur place des richesses profondes de la Chine comportant des établissements définitifs et des emplois effectifs de capitaux. Il leur tarde, enfin, de descendre de cette arche où se sont tenues les banques anglaises, pour mettre pied en Chine et y reconnaître le terrain.

Le régime « tout au change » a toujours négligé systématiquement deux sortes d'intérêts : ceux de l'importation commerciale et ceux de la pénétration politique et industrielle. Contre cette restriction de nombreuses protestations se sont souvent élevées : toutes échouaient contre la matérialité d'un fait indiscutable : la baisse continue, progressive, fatale de l'argent. C'était du passif accumulé par le passé que vivaient les banques sans songer à se préparer un actif local imputable sur l'avenir.

On avait vu cependant, au cours de cette période, sous la pression d'intérêts politiques parlant plus haut que la simple raison commerciale, certaines banques réaliser l'emploi au moins partiel de leurs capitaux en Chine. Tel avait été le cas de la Banque Russo-Chinoise qui, fondée pour servir une cause commerciale et politique déterminée, fut la première et est restée jusqu'ici la seule banque qui ait mis la main sur certaines manifestations de la richesse indigène. Mais pour en venir là, cette banque, qu'une situation de fait plaçait hors la ligne rationnelle du commerce, a demandé des garanties spéciales : ne pouvant plus être un négociant libre de son attitude, seul maître de choisir ses affaires, d'en discuter les conditions et les profits, elle a décliné partiellement sa responsabilité. Elle a exigé des privilèges, des monopoles, rançon de ses obligations, et surtout obtenu une charte politique lui assurant, de la part de l'État dont elle associait la fortune à la sienne, une véritable *garantie d'intérêts*. Les immobilisations qu'elle a été amenée à faire sur certains chemins de fer du nord de la Chine et de la Mandchourie, les concessions territoriales inscrites à son nom sur divers points de l'Empire jaune n'ont été consenties ou acceptées par elle qu'à titre de commissionnaire couvert par une sorte de convention « du croire » émanée de l'État Russe. Sa haute direction lui est venue d'un Ministère d'État, et son « manager » supérieur a été un délégué du département des Finances de Saint-Pétersbourg. Au lieu d'adopter enfin une dénomination simplement commerciale comme la Hong-Kong Shanghaï Bank par exemple, elle a, dans son titre même, affirmé une affiliation politique et des tendances à une naturalisation indigène. Y a-t-il là rien de comparable aux banques anglaises qui reçoivent leurs ordres, leurs inspirations d'un comité de marchands et de financiers de la Cité, administrateurs responsables des capitaux qu'ils emploient, libres de tous leurs actes, détachés de préoccupations politiques puisque la nation à laquelle ils appartiennent est peut-être la seule à n'avoir jamais émis la moindre prétention sur une portion quelconque de la territorialité chinoise?

La Banque Russo-Chinoise a donc longtemps constitué une de ces exceptions dont on peut dire qu'elles illustrent la règle plus encore qu'elles ne la confirment. Le fait intéressant est qu'aujourd'hui, alors que l'auréole de sa protection politique parait subir un déclin passager, la situation d'affaires qu'elle a prise à cette même collaboration semble de plus en plus orientée sur les tendances du jour.

Que fallait-il, en effet, pour que les acquisitions d'une banque européenne en Chine, de cause de ruine qu'elles étaient, devinssent une source de profits? Simplement qu'elles fussent étayées par une meilleure tenue de change, comme il n'est possible de bâtir une maison qu'après avoir rendu stable le sol mouvant destiné à en porter l'édifice.

Par quels moyens cette consolidation pouvait-elle être accomplie? De bonnes âmes, éprises d'un nébuleux idéal, s'efforçaient dès longtemps, *ex cathedra, libro et voce*, de réaliser ce qu'elles croyaient n'être qu'une importante réforme. Elles travaillaient à établir une base fixe de conversion or argent permettant de faire rentrer les transactions avec la Chine dans le cadre ordinaire du commerce mondial, avec autant de bonne foi, autant d'entrain qu'elles en eussent apporté à l'élaboration d'une simple convention diplomatique. Mais le succès s'attardait à couronner l'effort de tant de commissions, de congrès, de conférences, d'enquêtes, puisque, au moment même où l'argent paraissait être tombé assez bas pour ne plus pouvoir se refuser au joug qu'on lui préparait en le réduisant au rôle d'appoint de circulation, ce métal, tant décrié, en baisse continue depuis trente ans, dédaigneux des secours de ses faux médecins, pris soudain d'un subit et offensif essor, vint fixer ses cours aux cotes de Londres et de New-York avec une majoration de 25 à 30 pour 100 (1).

Cette hausse, qui vint ruiner, pour longtemps, les espérances des économistes et des savants attachés à la tâche ardue de la réforme du change chinois, eut aussi sur les intérêts commerciaux engagés en Chine une répercussion d'autant plus forte qu'elle y heurtait toutes les idées jusqu'alors reçues et qu'elle se présentait avec le caractère d'une déconcertante anomalie. On vit alors, dans les milieux européens de Chine, succéder à cette tranquillité un peu morne qui est le régime ordinaire d'un marché où les prévisions sont trop à la portée de tout le monde, l'effervescence que ramène, avec des aperçus nouveaux et des cours discutés, la critique de situations considérées jusque-là comme définitives.

Le débat a été et continue à être des plus vifs, car la question est toujours pendante, la solution définitive en étant liée moins à des raisonnements et à des prévisions qu'à certains faits que l'avenir seul peut se charger de découvrir. Les banques anglaises, dont nous avons étudié le si curieux système de profits sur le change, ont été les premières surprises et affectées de la nouvelle tendance du métal. Il ne pouvait que leur déplaire de voir monter le coefficient de ce découvert local qu'elles avaient mis tant d'ingénieux soins à se constituer et à entretenir. Autour d'elles des concurrents envieux de leur supériorité commerciale élargissaient le débat, et s'efforçant de percevoir sous ce qui n'était encore que l'accident, un état de choses nouveau et définitif, mettaient en branle les arguments suivants : le tuf de la baisse ayant été atteint par la

(1) Le kilo d'argent est passé de 78 francs fin 1902, à 110 francs fin 1905, le taël de 2 schellings 2 pences à 3 schellings 1 penny de novembre 1902 à décembre 1905.

chute du taël de plus de sept francs à moins de trois francs, le système « tout au change » n'a plus de raison. Loin de constituer, comme par le passé, une source de bénéfices d'une régularité presque annuelle, il risque d'être, pour ceux qui y demeureront attachés, une occasion de pertes par suite de l'augmentation qu'un change orienté de tendances à la hausse infligera aux engagements locaux. En admettant même que ce régime puisse subsister sans amener de déboires, il est démontré que ce n'est plus au change, tel qu'il a été jusqu'ici compris et pratiqué, qu'il faut demander des gains susceptibles de rémunérer en Chine l'emploi des facultés et des capitaux européens. Que les vendeurs, satisfaits de trente ans de baisse, se rachètent et que, de leur passif si heureusement consolidé, ils prennent à la véritable découverte et à l'exploitation des richesses de la Chine la part qui, dans de pareilles circonstances, revient en tous lieux, aux banquiers.

Les banques anglaises se sont refusées à discuter un débat ainsi enflé pour s'en tenir aux réalités du jour. La hausse de l'argent ne leur semble qu'un accident contre les dangers duquel elles sont loin d'ailleurs d'être démunies. Et cela est intéressant de savoir comment les banques que nous avons vu profiter de la baisse savent au besoin se défendre contre la hausse.

A l'objection tirée de l'augmentation éventuelle de leur passif, elles répondent que celui-ci ne constitue pour elles nul danger parce qu'il se présente non pas sous la forme d'une obligation inerte et amorphe, mais bien une dette de tout repos attendu qu'elle est « *éclusable* », *active et sans échéance fixe*.

Leur position est, en effet, si légèrement appuyée qu'elles ont conscience de pouvoir la retourner d'un instant à l'autre et sans danger. Leur dette est, en effet, « éclusable », parce qu'elles sont constamment maîtresses de surveiller l'intensité de leur circulation à découvert : il suffit qu'elles retournent, par exemple, la commission qu'elles accordent aux brokers, pour renverser la proportion de leurs échanges quotidiens et se couvrir chaque jour partiellement.

En outre, en l'absence même de toute initiative de leur part, la hausse du change agit vis-à-vis d'elles pour la consolidatio· de leur passif d'une façon automatique et avec des résultats assez semblables à ceux produits, pour les banques d'Europe, par la hausse de l'escompte. Cette dernière mesure a chez nous pour effet, de restreindre la circulation extérieure de la banque. Il en va de même de la hausse du change vis-à-vis des banques de Chine : ce phénomène, en effet, amenant une stagnation complète des affaires d'exportation, l'émission des billets s'arrête d'elle-même, les comptes créditeurs des clients cessent de s'augmenter, beaucoup d'entre eux se vident, se consolidant par là même, parce que leurs titulaires saisissent l'occasion qui leur semble favorable d'en faire le change définitif. De sorte que les banques sont toujours assurées, aux premiers pas de la hausse, de se trouver en totalité couvertes de celles de leurs dettes frisant l'exigibilité et partiellement rachetées de leur passif et cela d'une façon d'autant plus sûre qu'elle est automatique. La hausse du change, loin de leur créer un embarras définitif, leursemble, au contraire, bien faite pour leur permettre de reprendre une position de vendeur plus avantageuse parce que conquise à des cours plus hauts. Elles sont, en effet, dans la position d'un vendeur qui n'aurait pas à se préoccuper des liquidations tandis qu'il encaisserait tous les reports : leur dette est, en effet, sans échéance fixe, elle est active, louée, utilisée, productive comme une créance.

Les banques anglaises assurent, en conséquence, n'avoir rien à redouter d'une augmentation du change à condition qu'elle soit temporaire et partielle ; ce qui à la longue pourrait les gêner, ce serait une hausse continue et qui referait, en sens inverse, l'étape parcourue par la baisse. Mais ce danger, confiantes en la sérénité des estimations européennes en cette matière, elles se refusent à le discuter parce qu'elles en nient l'éventualité. Elles déclarent que si la hausse peut leur être défavorable c'est en les privant, pour une saison, du bénéfice qu'elles retirent des affaires d'exportation dont le jeu s'en trouve paralysé et non point en menaçant d'une façon quelconque leur position commerciale et spéculative. Les banques continuent donc à penser, adeptes en cela de l'orthodoxie européenne, que de deux outils, l'un en or et l'autre en argent, c'est le premier qui arme le mieux un bras. Elles affirment ne voir dans la possession effective de richesses indigènes qu'instabilité, insécurité, troubles et dangers de toute nature. De ce que le change paraît s'être raffermi, il ne s'ensuit pas qu'il soit devenu en quelque façon plus stable : bien au contraire, tandis que le régime de la baisse continue constituait, à sa manière, une sorte de base pour des prévisions possibles, l'état de va-et-vient qui l'a aujourd'hui remplacé rend plus dangereuses que jamais toutes acquisitions indigènes. Le taux de conversion d'une valeur européenne en sa contre-partie chinoise reste essentiellement aléatoire, il n'est autre chose qu'un coup de dé sous un change qui marque, dans le courant d'une seule année, 3 francs et 3 fr. 65 comme cours extrêmes du taël. Un pareil écart suffit à absorber tous les bénéfices industriels ou commerciaux réalisés sur une acquisition pratiquée à des cours peu favorables.

Les banques anglaises étayent en outre cette discussion financière d'arguments de fait tels que ceux-ci : dans l'état d'insécurité que crée perpétuellement aux entreprises européennes une Chine demeurée anarchique ou éprise soudain de trop de cohésion, il y a toujours intérêt à pouvoir s'esquiver devant le danger sans rien laisser traîner derrière soi : or c'est la grande supériorité des banques de change qu'il leur soit toujours possible de filer, c'est le cas de le dire, à l'*anglaise*, emportant avec elles *leur tout*, c'est-à-dire leur portefeuille et leurs registres d'écritures et de comptes et cela avec la même facilité que déménage, sa sébile sous le bras, un changeur ambulant lorsque la place dont il occupe un des coins vient à être troublée. On répond, il est vrai, que la contre-partie de ces évictions est fournie par les indemnités que la Chine paie en pareil cas aux victimes des insurrections. Mais les banquiers anglais, passionnés de « self made », négociants avant tout, ne veulent point faire état, à titre absolu, de ces ressources extraordinaires qui supposent une intervention politique étrangère à leur tactique commerciale.

Ils se bornent à en bénéficier lorsqu'elles viennent à leur être offertes : dans ce cas, plus favorisés que tous autres, ils en retirent le maximum de profit puisqu'ils reçoivent une indemnité alors qu'ils n'ont en fait rien perdu tandis que les apôtres de la pénétration, possesseurs effectifs, ne retrouvent, au versement qui leur est fait, que la compensation de pertes réellement subies.

Il faut penser, en effet, que les indemnités réclamées à la Chine lui sont imposées autant au titre d'une clause pénale que pour la compensation de destructions effectives et que leur distribution, basée en principe sur la reconnaissance de dommages individuels, est aussi dirigée par des considérations tirées de la force et de l'influence mises par telle puissance au service de ses intérêts généraux engagés en Extrême-Orient. Le clan anglais est, dans cette note et dans cette mesure, assuré de ne point être oublié. Et quelle comparaison peut-on faire, à ce titre, entre le cas d'une banque d'affaires intéressée dans des entreprises de chemins de fer, des syndicats ou des exploitations minières, pour laquelle le paiement de l'indemnité est la question vitale dont dépend, avec la reconstitution d'un capital anéanti, la pénible reprise d'une exploitation violemment interrompue, et la situation d'une banque de change qui, ayant, aux premiers heurts, emporté son tout à la semelle de ses souliers, trouve, dans la répartition qui lui est faite, une aubaine gratuite puisque l'activité d'affaires qui se manifeste, une fois le calme rétabli, suffirait, par elle seule, à compenser le simple manque à gagner dont son déménagement temporaire a été l'occasion. Les banques anglaises possèdent donc aussi une *théorie des indemnités*, inspirée de ces mêmes idées qui ont guidé leur conduite générale à l'égard de toutes les affaires chinoises. En fait toutes les secousses, toutes les convulsions de l'ordre économique ou politique qui ont agité le colosse jaune n'ont jamais causé le moindre dommage à ces établissements par suite du soin qu'ils ont toujours apporté à en dégager leur individualité. Leur extrême mobilité leur permet d'être partout les premiers à partir et les premiers à rentrer : la révolte des Boxers après les avoir chassés du Petchili a été, par la suite, pour eux, l'occasion de bénéfices exceptionnels tirés de l'activité qui a marqué la reprise des affaires sur les places du Nord.

Les banques anglaises ne semblent donc pas disposées à se départir de leur curieuse et ancienne attitude ; elles se refusent à descendre de leur citadelle de sauvegarde pour céder aux invites que semblent leur faire, en raison d'un change qu'ils proclament raffermi et d'intérêts qu'ils estiment supérieurs, les tenants de l'importation commerciale et de l'implantation politique. Elles constatent que les immenses plaines alluvionnaires par laquelle la Chine accède à ses rivages sont sujettes au mirage, et que, pour ne point s'exposer en tout genre à des désillusions de cet ordre, il convient de garder sa ligne européenne, de ne point s'aventurer loin des sûrs abris que sont le quai et les docks où se concentrent des marchandises indigènes déjà européennes par leur destination et leur usage, de rester à portée des navires des exportateurs avec lesquels elles ont un véritable pacte d'association.

En fait les banques anglaises n'ont pris encore, nulle part, pied sur la richesse chinoise : elles ont dédaigné de s'intéresser aux syndicats miniers, aux sociétés industrielles qui se sont créés depuis deux ou trois ans pour la mise en exploitation rationnelle de la Chine. Des œuvres de grands travaux publics, à la garantie desquels étaient affectées des sûretés de premier ordre, tels que les travaux exécutés entre Tien-Tsin et la mer pour la navigabilité du Peïho, les ont laissées indifférentes malgré l'intérêt de 7 pour 100 (1) et le gage hypothécaire offerts à leurs capitaux. Elles n'ont consenti à prêter à ces entreprises qu'un concours de guichet pour l'émission et le placement des titres, sans vouloir jamais en demeurer détenteurs, tant prononcée reste leur aversion pour toutes les valeurs classées sous la rubrique de l'unité monétaire indigène. De sorte que ces banques qui, pour la doctrine européenne, sont dans la note classique du progrès en proclamant que la supériorité de l'or sur l'argent ne peut aller

____

(1) Ce taux est tout à fait spécial ; il n'a été établi à aussi bas prix que parce que la certitude était acquise d'avance que les titres seraient souscrits par les résidants européens eux-mêmes.

qu'en croissant, deviennent, en Chine, des organismes rétrogrades pour qui ne voit de véritable avenir que dans une pénétration se faisant chaque jour plus intime de l'un et l'autre monde.

Ce régime de banque porte bien le cachet de ceux qui l'ont conçu : on y retrouve les qualités de haute initiative, de sage expérimentation, de prudence avisée, qui marquent partout les activités anglo-saxonnes ; on peut y noter également la conception même de l'expansion britannique : la conquête méthodique de gains assurés sans fatigue et sans danger par la seule supériorité de l'instrument de travail national et aussi cette horreur invincible de la naturalisation indigène que les Anglo-Saxons éprouvent pour eux et tout ce qui leur touche dans tous les pays qu'ils n'ont pu entièrement courber à l'hégémonie britannique.

Hâtons-nous de dire avant d'y opposer certaines critiques que c'est le temps seul qui, faisant là comme partout son œuvre, a usé à la longue cette remarquable et fructueuse conception. Vingt-cinq ans d'usage ont, en effet, rendu moins abondante cette source de profits : on ne creuse pas indéfiniment une mine sans en rencontrer le fond. Il faut bien, en effet, penser que le change de Chine est un change métallique et que, ne comportant aucun élément de crédit, il ne saurait déchoir, comme les changes sud américains, au gré d'une faction politique ou commerciale. Seuls, ceux qui escomptent une dépréciation indéfinie et illimitée de l'argent pourraient approuver le maintien intégral de semblables pratiques. Qui peut affirmer cependant, surtout après les enseignements des deux dernières années, que le métal blanc n'est point aujourd'hui arrivé à trouver la ligne de terre, le tuf de sa baisse ? Il restera, il est vrai, en tous les cas, aux ban-

ques de change la ressource de centraliser et de monopo-
liser le commerce des effets entre les deux mondes ; mais
le bénéfice qu'elles en retireront, s'il doit être réduit à un
simple courtage quelque élevé qu'on le suppose, apparaitra comme très inférieur à la généralité des profits que,
sous le régime économique nouveau qui semble se préparer, les capitaux européens sont en droit de demander à
la Chine.

B. — *Banques de capitaux.*

Le régime anglais doit, selon nous, se conserver dans
son esprit et évoluer dans ses tendances. Il faut en
garder, comme un enseignement de toute utilité et de toute
prudence, le remarquable souci qu'il apporte à ne point
défigurer les richesses administrées en Extrême-Orient
pour le compte de commettants européens, il faut d'autre
part étudier, pour ce principe, de nouveaux modes d'application d'un rendement plus rémunérateur et plus actuel.

Si la défiance dont ont fait montre les banques anglaises
à l'égard des immobilisations, des naturalisations de capitaux européens en Chine peut paraître légitime, il est un
élément de profit que leur « absentéisme » les a fait laisser
de côté et dont les banquiers n'ont jamais le droit de se
désintéresser parce qu'il découle de leur primordiale fonction : c'est l'intérêt, rémunération des prêts consentis pour
la distribution du crédit. Cet élément est d'autant moins
négligeable en Chine que le taux des prêts réalisés en
monnaie indigène, bien entendu, varie entre 12 et 15
pour 100. C'est à ce prix que se font les placements hypothécaires, et les prêts au commerce. Ne semblerait-il donc
pas logique, aujourd'hui où le bénéfice à retirer annuelle-
ment du change semble sinon tari du moins très compro-

mis, de demander à l'intérêt ce que l'on obtenait jusqu'alors du change? Après avoir gagné de l'argent *contre* les Chinois, l'heure n'est-elle pas venue d'en gagner *chez* eux, avant de pouvoir tenter d'en gagner *avec* eux? Et toute l'évolution du commerce de banque n'est-elle pas dans cette sorte de trilogie : *banques de change, banques de capitaux*, et *banques d'affaires*, les premières s'abstenant de tout emploi effectif de capitaux européens en Chine, les secondes y pratiquant des affectations temporaires, les dernières y réalisant des naturalisations définitives? Les banques de change, malgré leur état florissant et leur prépondérance commerciale actuelle, sont déjà presque un legs du passé, les banques de capitaux préparent un avenir très prochain, les banques d'affaires, par les réformes et les transformations qu'elles supposent, ne peuvent être entrevues que comme le dernier terme d'une évolution dont le temps n'est pas le principal élément.

Les banques de capitaux ont donc l'ambition de travailler sur l'intérêt, comme les banques anglaises ont travaillé sur le change. Mais tandis que, pour bien user du change, il fallait, avant tout, rester armé à l'européenne et ne rien aliéner de ses facultés en or, pour profiter de l'intérêt, il faut, de toute nécessité, pratiquer la conversion or-argent, à laquelle les négociants anglais se sont toujours refusés. Toute la tactique des banques de capitaux, grevées tout comme les banques de change de responsabilités européennes, doit donc tendre à ne pratiquer qu'une transformation de surface, à opérer une sorte de déguisement de leurs facultés sociales, gardées intactes dans leur identité et leur essence.

Nous en arrivons donc bien ainsi à une évolution du principe anglais, respecté dans son esprit même, qui veut pour toute richesse, la sauvegarde de l'étiquette européenne et renié dans sa conclusion de fait qui est l'*absentéisme*. Les banques de capitaux prétendent que l'on peut, dans l'état actuel des changes, s'employer en Chine sans rien perdre de sa vigueur occidentale.

Leur raisonnement est le suivant : toutes les utilisations de capitaux européens sous la forme indigène sont aujourd'hui possibles, à condition que ces emplois conservent un caractère strictement temporaire qui permette aux banquiers européens d'appliquer à toutes les acquisitions, faites au cours d'une période donnée, un *coefficient de change* constituant une *véritable prime d'assurance à l'entretien du capital occidental*. En un mot, tous les prêts au commerce, toutes les acquisitions de créances à échéance ne dépassant pas la période annuelle, sont bons à pratiquer en Chine, à condition que sur le taux moyen de 14 pour 100, rémunération des capitaux loués ou employés à cet usage, on effectue, avant toute chose, une sorte de prélèvement statutaire, destiné à maintenir le capital européen à sa valeur toujours constante de change. Si, par exemple, la baisse de l'argent entre le premier et le dernier jour d'une même année a été de 8 pour 100, c'est seulement un quotient net de 6 pour 100 qui doit servir de base à la répartition des profits sociaux, la différence étant justement cette prime d'assurance destinée à combler la perte au change sur le portefeuille possédé. Par contre, si la hausse de l'argent est venue apporter une plus-value à l'exercice en cours, celle-ci peut être considérée comme une augmentation de l'intérêt des capitaux loués et suivant les intentions de la banque, répartie à titre de dividende ou portée au crédit d'un fonds de prévoyance dont la constitution, préalable à toute opération, nous paraît indispensable. Il est bien évident que, pour tenir semblable conduite, il faut être pénétré de l'idée que la baisse de l'argent, au cours actuel du métal, ne doit plus être le phénomène continu et irrésistible que l'on s'était habitué à concevoir. Il faut seulement penser ou bien que la perte annuelle sur ce change métallique n'atteindra pas les 14 pour 100 conférés par le loyer des capitaux ou, mieux encore, que le marché de l'argent se bornant à *remuer* sans orientation fixe comme celui de la généralité des métaux, sera, vis-à-vis de nos estimations en or, sujet à de fréquentes fluctuations dans l'un et l'autre sens. Entre les courbes tourmentées de ce graphique, les banques de capitaux ont charge de tracer la ligne droite qui les résume toutes sur une période donnée, et d'en traduire la direction et la tendance générales par l'expression d'un quotient qui viendra, selon le cas, augmenter ou diminuer le bénéfice acquis par le prêt à intérêt qui constitue la véritable utilisation de leurs facultés sociales.

Malgré toute la difficulté qu'il y a à dégager, du marché actuel de l'argent, la tendance dominante pour l'avenir, ces banques sont amenées à penser que le rapport des deux métaux précieux, cessant de se tendre indéfiniment soit vers la hausse soit vers la baisse, renfermera ses fluctuations entre deux limites assez imprécises, mais assez restreintes toutefois, pour qu'il soit possible d'en discerner les deux pôles. La production intensive de l'or depuis dix ans constitue la meilleure barrière à la chute prolongée de l'argent, puisque le rapport de ces deux métaux dépend, avant tout, de l'importance respective de leurs stocks mondiaux. On peut dire que, à l'heure présente, la production de l'or est en avance sur celle de l'argent, c'est-à-dire qu'elle laisse à cette dernière une certaine marge où la mise au jour d'une quantité donnée de métal blanc est possible, sans entraîner de diminution dans la valeur du stock existant. Ce sont, en un mot, les mines du Trans-

vaal, qui ont permis la reprise de l'exploitation des gisements argentifères de Bolivie et du Mexique. Comme il
n'est pas à prévoir que la production de l'or doive se mo-
dérer de sitôt, on peut penser que cette marge agira, longtemps encore, comme une couverture à toute baisse prolongée de l'argent. Voilà donc, en dehors de tous autres
éléments de défense, un ordre de faits destiné à assurer
au métal blanc un véritable minimum de valeur. D'autre
part, toute augmentation de l'argent, ayant pour effet d'en
activer la production en conférant les possibilités d'une
exploitation rémunératrice à des gisements d'un rendement
inférieur, il devient évident que le métal blanc ne saurait
dépasser un certain prix sans s'exposer à être surproduit
et par cela même avili. Donc minimum et maximum laissant prévoir une assez longue période où le prix du kilo
d'argent tiendra ses écarts entre les deux extrêmes de
80 et de 115 francs.

Dans cette limite, les fluctuations devront être fréquentes : cessant d'être nettement orientées, elles se déter-
mineront selon l'offre et la demande, au hasard d'événements spéciaux de nature et d'ordre identiques à ceux qui
influent sur le prix de chaque métal en particulier. Ce n'est
d'ailleurs pas à l'œuvre impossible de prévoir chacune de
ces fluctuations que s'attacheront les banques occidentales
pratiquant en Chine des affectations de capitaux. Elles se
borneront à faire la moyenne de ces oscillations sur un
temps donné pour en dégager soit le *coefficient de sacrifice* qu'elles auront à s'imposer du fait du change, soit le
bénéfice supplémentaire qui, du même chef, leur serait
advenu.

Les prix extrêmes de 80 francs à 115 francs le kilo
correspondent, en effet, sur le taël métallique à un écart
de 3 à 4 francs. C'est entre ces limites que pa-

raissent devoir évoluer, pour un assez long temps, les mouvements de va-et-vient, d'aller et retour, qui secoueront la valeur au change de l'unité monétaire chinoise. Or cette agitation perpétuelle qui rend impossible toute tentative de stabilisation artificielle de la valeur indigène, est, au contraire, tout à fait propice à ce rôle spécial *d'arbitragistes* qui nous semble dévolu aux banques employant en Chine des capitaux tirés de coffres-forts européens. Il est même, à vrai dire, le seul état dont elles puissent s'accommoder puisque tout mouvement nettement dessiné en faveur soit d'une baisse soit d'une hausse prolongée, leur apporterait une sérieuse entrave. Une baisse s'accusant chaque jour ne leur permettrait pas de continuer à recruter longtemps des valeurs indigènes par suite de l'importance du coefficient de sacrifice dont elle serait la conséquence ; une hausse ininterrompue après leur avoir apporté, au début, des satisfactions de change, ne tarderait pas à les gêner en diminuant la force d'acquisition de leur capital européen vis-à-vis de la richesse indigène et en attirant, en dehors et à côté d'elles, en Chine, des capitaux d'Occident, rassurés enfin sur les dangers de la conversion or-argent, aptes à se passer de leur intermédiaire et dont l'afflux, en faisant baisser le taux élevé de l'intérêt, tarirait la source vive et intime des bénéfices. Un ensemble de fluctuations, sans orientation définie, mais avec des limites d'écart assez certaines, est donc l'état idéal pour une banque occidentale désireuse de réaliser en Chine des affectations temporaires de capitaux, puisqu'elle y trouve le monopole d'un arbitrage qui s'effectue par un jeu alternatif de crédits et de débits portés à un compte de change lequel remplit, dans cette instabilité apparente, le rôle d'un balancier destiné à maintenir constant l'équilibre entre le passif en or constitué par le capital social et l'actif en argent représenté par les acquisitions indigènes.

L'initiative de nombreux Européens s'est déjà éveillée en Chine à la promesse d'aussi beaux bénéfices. La Banque Russo-Chinoise sous l'habile direction de M. Wehrung a été la première des banques occidentales à profiter de l'arrêt de la baisse du change pour faire directement des affaires avec les Chinois. Au cours de ses opérations, elle a su conserver à ceux de ses capitaux ainsi employés leur étiquette occidentale et traduire par des dividendes et des profits, énoncés en or, la conquête de bénéfices acquis, cette fois, non plus à l'encontre de l'unité monétaire chinoise mais par elle et grâce à elle. A Pékin et à Tien-Tsin, dans une partie de la Chine spécialement riche et spécialement dépourvue de capitaux circulants, les succursales de cette banque, obéissant aux mêmes courants, demandent aujourd'hui la meilleure partie de leurs bénéfices aux placements réalisés dans les milieux indigènes commerçants et politiques. Il n'est pas jusqu'à l'attention des particuliers qui n'ait été sollicitée par les perspectives de ce gain facile : certains Européens, venus en Extrême-Orient, à divers titres, ont estimé, après avoir pénétré les milieux commerçants chinois, qu'il y avait là, pour leurs ressources personnelles, des possibilités d'utilisation autrement rémunératrices que les placements occidentaux. Ils n'ont pas hésité à mobiliser leurs fonds européens, à se créer même des engagements vis-à-vis de commanditaires pour se constituer un fonds de placement à destination des milieux indigènes.

Au courant de la langue et des habitudes du pays, portés par leurs goûts à frayer avec les Chinois, aidés d'un « compradore » indigène, sorte de fondé de pouvoirs apte à discuter les crédits particuliers, ils ont monté de véritables officines d'escompte et de prêt, dans des conditions analogues à celles tenues autrefois dans nos chefs-lieux de cantons et nos petits centres de province par la corporation des petits banquiers que la concentration du commerce de banque a éliminés peu à peu. La situation de ces intéressants négociants est double ; ils ont un passif occidental et un actif indigène. Le premier est grevé du paiement en or au taux moyen de 5 pour 100 de l'intérêt des capitaux loués et de la charge éventuelle du remboursement du capital lui-même, le second est constitué des créances indigènes acquises en contre-valeur du capital.

L'obligation du remboursement les contraint à maintenir perpétuellement leur capital d'exploitation en Chine au niveau de sa valeur de change : c'est au moyen d'un prélèvement sur la différence entre l'intérêt servi par eux à leurs créanciers d'Europe et celui qui leur est attribué par leurs débiteurs indigènes qu'ils assurent cette prime d'entretien : leur bénéfice personnel ne s'apprécie qu'en tenant compte des moins-values ou des plus-values apportées par les fluctuations du métal.

En fait, les banques ou les particuliers qui s'adonnent à ces lucratives opérations, font œuvre *d'arbitragistes-assureurs*. Ils sont *arbitragistes* en ce sens qu'ils spéculent sur les différences de prix d'une même marchandise, — le loyer du capital, — d'un point à l'autre du monde. Ils sont *assureurs* en ce sens qu'ils donnent aux capitaux européens employés par eux leur garantie personnelle contre la déformation du change. A ce titre, ils sont donc plus intéressés que tous autres au maintien de l'état de choses actuel, puisqu'une stabilisation ou une réforme complète de la monnaie chinoise ferait disparaître leur industrie en permettant aux capitaux occidentaux de s'employer directement en Extrême-Orient au taux de 4 ou 5 pour 100 qui est le loyer des emprunts faits en Europe par les Chinois lorsqu'ils consentent à y joindre, comme ils l'ont fait pour certains emprunts d'État ou de chemins de fer, la garantie du change.

Il est intéressant de comparer ce système d'utilisation des capitaux européens en Chine au régime du seul change pratiqué jusqu'ici par les Anglais. Il apparaît de suite comme mieux en rapport avec l'ordre actuel des faits économiques. Le principe du « tout au change », suivi jusqu'en ses fins dernières, implique, en effet, non pas seulement un avilissement mais une destitution complète du métal argent ; il est nihiliste à outrance, c'est l'impossible zéro qu'il vise par étapes successives. Excellent s'il sait se renfermer dans les limites d'une pratique temporaire, il devient illusoire s'il prétend à s'éterniser, et à vivre, en perpétuel rentier, sur un fonds qu'il dévore tous les jours. Le principe du « tout à l'intérêt », au contraire, est, par essence, reconstituant de sa source de bénéfices, il se borne à vivre d'un apport journalier qui ne coûte rien à l'avenir.

Malgré leurs différences fondamentales d'intention et de direction, ces deux systèmes ont, dans la pratique, de curieuses affinités. Ils ont, au fond, le même idéal qui est de conserver l'intégrité européenne des capitaux d'Occident employés en Extrême-Orient. Car il faut bien remarquer que ces banques de capitaux sont aussi, à leur façon, des banques de change puisque le problème de la « *perpétuelle équivalence* » domine toutes leurs préoccupations. Mais tandis que les banques du premier type ne voient dans le change qu'un élément d'exploitation, constamment incliné à les servir, les secondes y distinguent, avant tout, le danger contre lequel il convient de se

prémunir, le mal nécessaire qui leur constitue une fructueuse spécialité au risque de leur existence même. Les
unes profitent du change par l'exploitation directe, les
autres en le neutralisant par le secours d'un second
élément qui est l'intérêt. Les unes vivent du change et les
autres par une combinaison du change et de l'intérêt,
mais toutes deux ne peuvent être vues qu'à travers le
prisme du change dont les facettes ne conservent quelque
éclat lumineux que pour des yeux constamment tournés à
l'horizon européen.

La grande supériorité des banques de capitaux, c'est,
en somme, leur actualité : elles viennent à leur heure.
Elles peuvent pénétrer au cœur même des intérêts chinois, se mêler aux affaires locales, sans nécessiter aucune
réforme dans l'ordre économique existant, sans rien
heurter des préjugés ou des préventions indigènes. Loin
d'attendre comme les importateurs l'hypothétique réalisa-
tion des projets américains sur la monnaie, elles déclarent
s'accommoder à merveille de l'état de choses présent qui
est, d'ailleurs, leur seule raison d'être. Elles ont un côté
pratique et immédiat qui est vraiment remarquable : leur
lit est fait. Par leurs qualités expéditives, leur mobilité,
le caractère temporaire des affectations de capitaux, elles
sont presque les égales des banques de change ; elles
leur sont supérieures en ce qu'elles s'attaquent à une
source de gains encore inexploitée et réellement intaris-
sable. Elles ont, en outre, l'avantage de rompre avec la
doctrine de l'*abstention* chère aux banques de change,
elles prennent un pied en Chine, préparent ainsi, de la
façon la plus efficace parce que la mieux déguisée, la voie
à la pénétration européenne, à l'infiltration politique et
peuvent, à l'occasion, être d'utiles auxiliaires pour les
importateurs qui, desservis jusqu'ici par les banques de

change vouées à ne recevoir et à ne conserver que des valeurs en or, trouveront enfin une place de refuge et d'utilisation pour leurs effets et les contrats nés de leur commerce avec les indigènes, dans ces banques que l'existence d'un portefeuille constitué de créances locales inclinera à traiter sur un pied d'égalité valeurs en argent et valeurs en or.

Si nous nous reportons à ce qui a été dit plus haut, ces banques si européennes dans leur principe, dans leurs résultats ont déjà comme une mentalité chinoise, car elles sont amenées à considérer, tout comme les Célestes eux-mêmes, que l'or et l'argent sont « deux métaux absolument mais différemment précieux et qu'il n'y a entre eux qu'une question de rapport et d'équivalence. » Mais tandis que les Chinois de Chine ne se préoccupent point de cette parité, les banques de capitaux travaillent uniquement à la maintenir et c'est ce qui leur conserve une âme essentiellement européenne sous les dehors d'une quasi naturalisation.

Si superficielle qu'elle soit, cette naturalisation est déjà assez profonde pour éloigner peu à peu les banques de capitaux des opérations concernant le change proprement dit. La manutention des effets entre l'Europe et l'Extrême-Orient doit, de plus en plus, leur demeurer étrangère, car le change de Chine n'étant, comme nous l'avons établi plus haut, qu'un achat-vente de métaux, contraint, par cela même, les établissements européens qui se livrent à son exploitation, à choisir l'un ou l'autre comme pivot de leurs opérations et que, dans ce cas, le choix d'une banque n'est jamais libre, attendu qu'elle ne peut travailler qu'avec un outil en or. Du fait de ce déterminisme, elle se trouve amenée (et le régime d'un change allant et venant ne saurait que l'y contraindre davantage) à convertir, au jour le jour, toute richesse signifiée en argent en sa contre-valeur en or, à ne garder ainsi pour elle-même que la rémunération plus ou moins large accordée aux courtiers et manutentionnaires de change suivant la constitution économique, l'éloignement du pays où ils travaillent. Les banques de change proprement dites ne sauraient aujourd'hui, pas plus que par le passé, conserver la moindre parcelle de leur portefeuille ou de leur avoir inscrite sous la rubrique indigène.

Les banques de change continueront donc seulement à centraliser le commerce des traites et des effets circulant entre les deux mondes, à prêter leur office au règlement des obligations internationales, à traduire, en somme, sous une seule expression métallique, le dualisme monétaire, à dire aux Chinois : « pour acquérir tant d'or il faut aujourd'hui donner tant d'argent », et aux Européens « pour acquérir tant d'argent il faut aujourd'hui tant d'or », à tenir à la disposition de cette clientèle les moyens de remise aux prix ainsi déterminés par elles. Pour se reconnaître dans cette perpétuelle mobilité, il faut qu'elles adoptent elles-mêmes un métal de compte, et celui-là ne peut jamais être que l'or. Cette prédestination les empêchera toujours d'accueillir avec faveur un portefeuille de créances indigènes qui, de par leurs échéances beaucoup plus lointaines que celle des effets à vue et mobilisées, ne pourraient être comprises dans la traduction presque journalière en or que ces banques font de toutes les valeurs chinoises qu'elles détiennent. La scission entre les banques de change et les banques de capitaux issues pourtant du même tronc, doit donc s'accentuer dans l'avenir ; les premières se borneront à être des comptoirs européens indifférents à la vie intérieure de la Chine, les secondes s'y mêleront tous les jours davantage et réserveront toutes leurs facultés à en exploiter les manifestations.

Il est d'ailleurs très curieux de remarquer que l'intérêt est aujourd'hui le seul élément sur lequel une banque européenne puisse greffer une spéculation raisonnée sur les métaux. Pour que cette sorte d'arbitrage soit possible, il faut, en effet, aux capitaux européens employés en Chine, une certaine période d'utilisation. Trop court dans les banques de change tenues à réduire au minimum la durée des figurations de richesse sous la forme indigène, ce délai devient trop long dans les banques d'affaires où les capitaux naturalisés et absorbés perdent toute faculté de mobilisation. Le placement seul, en étendant et limitant à la fois à la période annuelle le délai d'emploi des capitaux, confère une période assez large à l'exercice de ces supputations en même temps que son produit, l'intérêt, agissant comme une véritable couverture, fournit les ressources nécessaires au règlement de cette différence spéciale que nous avons qualifiée de « prime d'assurance à l'entretien du capital européen. » Dans les banques de change, au contraire, les profits s'acquièrent au jour le jour, par une suite de courtages et d'opérations indéfiniment multipliées, il est vrai, mais qui ne laissent, pour chacune d'elles, qu'un gain trop faible pour pouvoir être mis en parallèle avec le moindre aléa métallique. Dans les banques d'affaires, d'autre part, la naturalisation complète des capitaux européens représentés non plus par des espèces indigènes, mais par des affectations industrielles, ne permet pas de les rappeler jamais à leur forme primitive, et exclut par là même toute possibilité d'arbitrage sur les deux métaux.

C. — *Banques d'affaires.*

Nous voilà donc amenés à parler des banques d'affaires, qui se présentent comme le dernier terme d'une évolution commencée depuis quatre ans à peine. Mais tandis que les banques de change ne sont séparées des banques de capitaux que par une diversité dans l'application d'un même principe, ces établissements du troisième type sont au delà du fossé qui séparera toujours en Extrême Orient les individus et les collectivités appliqués à sauvegarder leur personnalité et leurs facultés européennes, de ceux enclins à se faire absorber, corps et biens, par la Chine douée, contre tout élément étranger, d'une remarquable force d'absorption et de déformation.

Ces banques n'ont plus, en effet, possibilité d'éluder complètement l'obligation de la possession indigène effective, comme les courtiers de change, ou d'en tourner les inconvénients comme les arbitragistes sur l'intérêt : leur penétration en Chine suppose plus encore que la naturalisation définitive des capitaux européens, puisqu'elle tend à les y faire absorber sous forme de représentations industrielles. Ne pouvant se défendre contre le change, ces banques ont pris le parti d'agir comme si cet élément n'existait pas : elles pensent que les richesses non encore exploitées de la Chine leur donneront d'assez larges profits pour en neutraliser, en tout état de cause, les variations. Amenées à se « chinoiser », elles ont adopté de suite un concept inhérent à la plus vieille mentalité chinoise qui refusait de connaître du change et de ses effets. Et voilà donc bien le dernier terme de l'évolution atteint puisque le change qui, pour les banques anglaises, était la note dominante de leurs préoccupations est ici relégué au dernier plan. Comme les obstacles qu'on ne peut déplacer sur sa route, les banques d'affaires l'ont « enjambé. »

Il n'y a rien là d'ailleurs que de très naturel, le change étant, en fait, la moindre des aventures auxquelles cette pénétration les expose. On peut aller même jusqu'à penser que l'arrêt de la baisse profonde de l'argent, jointe aux qualités intrinsèques de l'expression monétaire chinoise, légitime, au seul point de vue financier, les naturalisations industrielles de capitaux européens sous la forme indigène. Là encore l'œuvre de stabilisation poursuivie par Jenks et ses adeptes ne saurait être d'un secours au moins immédiat : par les profondes contractions qu'elle amènerait dans l'économie générale du système chinois, par les éléments de crédit qu'elle y introduirait fatalement, elle serait, avant de réaliser cette stabilité des changes internationaux qui est l'état idéal des affaires, une occasion supplémentaire d'embarras. Il est, en outre, vrai de penser que les bénéfices industriels à retirer de l'exploitation de la Chine sont de taille à neutraliser les aléas d'un change déjà très assagi.

Mais, et la grande question se pose naturellement ici : la Chine est-elle susceptible de fournir aux capitaux et aux initiatives européennes un champ d'action solide et durable ?

Au point de lutte où s'est montée la concurrence entre nations occidentales, la Chine apparaît à beaucoup d'Européens comme la vaste et universelle colonie d'exploitation. On aime à se la représenter comme une immense voie de dégagement pour la surproduction industrielle, comme une terre nouvelle où les capitaux d'Occident, servis par une main d'œuvre éternellement vile, auront une force de productivité sans bornes. On en soupçonne, mieux encore qu'on n'en connaît, les richesses de toute sorte, minérales, agricoles ; on se plaît à considérer l'action européenne réglant à travers le monde jaune les courants d'affaires par un système de voies de communication placées sous sa tutelle, découpant les carrés à livrer, pour une exploitation méthodique et rationnelle, à l'ambition de chacun. Or dans cette œuvre d'aménagement, ne compte-t-on pas un peu trop sans ses hôtes ?

Les Européens se trouvent pourtant ici face à face avec un peuple dont la résistance économique est proverbiale et digne de toute considération. L'ancienne Chine refoulait l'étranger, la nouvelle l'absorbe et le déforme. Le tort des pionniers les plus hardis de la civilisation occidentale en Extrême-Orient est de considérer qu'ils travaillent là presque *in anima vili*, comme sur une côte du continent noir ou dans les baies d'une île océanienne. Les économistes qui qualifient de « vulgaire troc » le curieux système monétaire chinois que nous avons étudié plus haut ont, dans le clan de la pénétration industrielle, des répondants qui leur font écho. A ceux-là il est bon de rappeler que la Chine constitue une immense collectivité, mieux fournie en travailleurs que n'importe quelle autre nation du globe, abondamment pourvue, en outre, de capitaux et à qui il ne manque rien qu'un peu d'éducation mécanique et technique pour être, à elle seule, une puissance industrielle de premier ordre.

La Chine, dans la suite des temps, ne paraît donc nullement qualifiée pour être une terre idéale d'utilisation permanente des capitaux européens : ceux-ci ne peuvent y jouer que le rôle d'éducateurs. Leur carrière ne saurait donc être que temporaire puisque leur œuvre porte, en elle-même, les raisons de sa fin : chaque banque, chaque syndicat d'affaires est, pour les milieux indigènes, un foyer d'instruction expérimentale, de sorte que le champ de leurs opérations se rétrécit à mesure qu'à leur contact s'éduque une mentalité chinoise réellement nouvelle. Ces organismes financiers qui tirent toute leur supériorité de l'ignorance des milieux ambiants sont voués, contre eux et malgré eux, à se faire éducateurs. On peut prévoir que le disciple ne tardera pas à se passer des leçons du maître.

Car, ce ne sont pas seulement des notions de l'ordre technique ou mécanique qui, à la faveur de cette action occidentale, se développent chez les Chinois, mais bien aussi des sentiments d'un tout autre genre dont l'ensemble tend à éveiller chez eux un véritable *nationalisme industriel*. Chaque jour en apporte à l'Eurore les symptômes et les avertissements. Il n'est pas de courrier qui ne nous présente des avis de ce genre empruntés aux publications officielles de l'Empire :

« La Cour suprême a emprunté aux Anglais trois mil-
« lions de taëls au moyen desquels elle rachèterait le
« chemin de fer de Hankéou au Koang Tong. » (Octobre 1905.)

« Tchou Fou, vice-roi de Nankin, vient de lancer une
« proclamation interdisant au peuple de vendre secrète-
« ment les mines aux étrangers et il a prié la Cour d'or-
« donner aux provinces de les exploiter avec leurs capi-
« taux propres pour empêcher les étrangers de s'en em-
« parer. » (Octobre 1905.)

À mesure que l'on pénètre plus avant dans l'Empire, ces idées se font plus absolues au point d'atteindre dans le Hounan un véritable degré d'exaspération. Ce n'est plus contre les applications de la civilisation européenne que protestent les Chinois d'aujourd'hui, mais bien contre le détournement par les Occidentaux de richesses qu'hier encore ils ne soupçonnaient pas mais qu'ils entendent garder pour eux dès que notion leur en a été donnée.

Les banques d'affaires, si différentes des banques de change, ont donc, avec elles, cet intéressant point commun que les unes et les autres travaillent sur un fonds qu'elles épuisent sans pouvoir le reconstituer. La source des bénéfices consistait, pour les banques de change, dans la dépréciation continue du métal argent : chaque étape de baisse, en leur conférant de nouveaux profits, les rapprochait de la période d'arrêt. Les occasions de gain sont données aux banques d'affaires par la création d'entreprises industrielles dans un pays totalement fermé aux notions de l'art moderne. Toute éducation de l'indigène doit donc limiter et finalement faire disparaître leurs bénéfices et cela avec d'autant plus de rapidité qu'elles contribuent elles-mêmes à divulguer les secrets qui faisaient leur force. En somme, banques de change et banques d'affaires tendent à vivre sur un fonds d'ignorance indigène : les unes exploitent l'infériorité du métal chinois de toute la supériorité du métal européen, les autres profitent du monopole de fait que leur crée une éducation industrielle occidentale. Il y a toutefois entre elles cette différence : les premières, par suite de l'ignorante immunité où la question du change laissait une Chine à cet égard véritablement anesthésiée, étaient arrivées à opérer sans douleur pour le patient tandis que les dernières, par les saignées un peu trop apparentes qu'elles font aux veines de la richesse indigène, provoquent chez le colosse jaune des soubresauts et de dangereuses contractions.

Le rôle des banques d'affaires apparaît donc ainsi comme limité de temps et d'espace : leur durée se réduit à la période nécessaire pour que se crée en Chine une mentalité industrielle indigène : celle-ci, née au contact d'initiatives européennes abritées sous la protection politique, disputera bientôt à l'exploitation occidentale les voies de l'intérieur. Les banques d'affaires auront donc ainsi, au sens le plus absolu du mot, ouvert la Chine, mais à la façon d'un serrurier, qui, le pêne de la porte d'entrée une fois déclanché, doit s'effacer pour laisser passer les véritables occupants du logis. Les banques d'affaires n'atteindront donc jamais en Chine leur complet développement ; elles demeureront ce qu'elles sont jusqu'ici restées, c'est-à-dire des syndicats menés d'Europe, solidaires d'influences politiques et prêts à passer la main dès que le bénéfice réalisé sur l'octroi d'un privilège ou d'une concession, l'aménagement d'une exploitation leur parait suffisant. Elles ne font en réalité qu'une sorte de courtage : l'évolution qui les aurait portées plus haut sera étouffée par la transformation même des milieux où elles auront jeté les ferments du progrès. Sous ces réserves, il est légitime de reconnaitre aux banques d'affaires une certaine durée de fructueux exercice. Il y a, en Chine, d'inépuisables filons de richesse de toute sorte : y porter les premiers coups de pioche est toujours fort avantageux. Il est même à prévoir que certains résultats particulièrement brillants, comme ceux dus aux chemins de fer par exemple, engendreront des illusions sur la permanence et la pérennité des occasions de gains offertes spontanément par la Chine aux Européens.

L'éducation industrielle de la Chine aura pour conséquence son éducation morale : elle éveillera dans les milieux indigènes une conscience nationale qui jusqu'alors n'y est point apparue. Un patriotisme rationnel et utilitaire, sorte de vertu à la Bentham, le seul qui puisse être compris des Chinois dépourvus de notions idéalisées, se formera pour défendre l'indépendance du patrimoine industriel moderne avec autant de ténacité que l'ancienne tradition mettait d'entêtement à se garder vierge du contact européen. Il est, en effet, naturel que les exploitations utilisent les forces locales, hommes, capitaux, qui sont à leur portée immédiate ; l'intervention étrangère ne se comprend qu'en cas de faiblesse ou de défaillance des intéressés. Concevrait-on les mines du Transvaal exploitées par les Chinois, si cette région était suffisamment approvisionnée par elle-même de main-d'œuvre locale ? Pour les mêmes raisons peut-on imaginer durable un emploi de fonds européens en Chine alors que cette nation est, à elle seule, pourvue de capitaux qui, pour ne pas avoir la mobilité de nos capitaux flottants, n'en demeurent pas moins, bien que mis en œuvre sous d'autres lois économiques que les nôtres, les seuls agents qualifiés de la régénération de ce vieux monde ?

L'influence des hommes d'affaires européens en Chine sera à ce point superficielle qu'elle n'y introduira même pas les usages économiques et financiers qui, en Occident, accompagnent toute organisation industrielle. Tout se bornera de leur part à une éducation technique et, pour ainsi dire, matérielle. Le vrai maître d'école européen de la Chine, c'est l'ingénieur et non point l'économiste et le financier. L'instruction des Chinois par les Occidentaux sera seulement expérimentale : *éducation de contre-maître et non point communion de disciple.* Les Célestes se mettront nos méthodes dans les doigts sans se mettre nos conceptions dans l'esprit. Ce ne sera d'ailleurs pas l'un des côtés les moins intéressants de la rénovation économique chinoise que de voir un appareil industriel fonctionner dans ces pays dans des conditions toutes différentes de celles observées en Europe.

Il est certain notamment que les Chinois seront déjà

complètement éduqués à la technique européenne, qu'ils construiront, par eux-mêmes, des ponts, des chemins de fer, des viaducs, des routes, sans s'être en rien inspirés de nos idées sur l'usage du capital et le régime du travail. Les grandes entreprises seront menées en Chine soit en régie par l'État, soit en monopole privé par quelques-uns de ces mandarins, potentats financiers, dont le prototype était Li-Hung-Chang ou est aujourd'hui Cheng. Dans le premier cas, le régime des travailleurs sera la corvée, et dans le second, une sorte de salariat, mais dominé de si près par la loi d'airain qu'il apparaitra réellement comme un pur servage. Ces deux modes très spéciaux sont absolument compatibles avec un bel essor industriel. Mais combien ces mœurs économiques ne diffèrent-elles pas des nôtres qui tendent à associer de plus en plus, dans une intime coopération, l'effort individuel du capitaliste et du travailleur à l'œuvre de production !

A tout bien considérer, si les milieux chinois peuvent être initiés à la technique de l'art moderne, ils demeureront impénétrables aux modalités économiques et financières qui régissent, en Occident, les conditions de la production industrielle. C'est cette mentalité réfractaire qui empêchera les capitaux européens de faire en Chine élection durable de domicile. Dans leurs déplacements ceux-ci apprécient moins peut-être une productivité supérieure que des conditions sociales et économiques identiques à celles de leur pays d'origine. C'est pour rassurer des capitaux apeurés et leur procurer un mode d'usage et d'emploi plus à leur portée, qu'a été faite la guerre du Transvaal : si l'on veut bien songer aux difficultés qu'il y a eu à vaincre la résistance d'un petit peuple réfractaire, bien que d'origine européenne, aux conceptions de la finance moderne, on concevra l'impossibilité qu'il y aurait à vouloir faire de la Chine la grande colonie d'exploitation pour l'Europe.

Les banques d'affaires ont, d'ailleurs, compris dès l'origine, que leur mission en Chine devait être temporaire et superficielle. C'est pour cela qu'elles se sont bornées, en fait, à être des syndicats d'étude ou de temporaire et superficielle exploitation. La meilleure preuve qu'elles ont toujours prévu l'éventualité d'un départ prochain, c'est qu'elles ont, dès le début, assuré leur retraite en *retenant un change*, c'est-à-dire en acceptant ou en offrant le rachat des concessions exploitées par elles au moyen d'annuités payables en or. Tel est le régime des principaux chemins de fer dont l'exploitation est concédée par le Gouvernement Impérial aux syndicats belges et français. Cette mesure constitue une précaution à double fin : pour ces banques ou syndicats, elle les préserve des fluctuations d'un métal contre lesquelles ils n'ont pas, comme les banques de change ou de capitaux, de moyen de défense empirique préétabli ; pour les Chinois, elle a le mérite de limiter le temps de l'occupation capitaliste européenne à la période préparatoire d'instruction. Ces stipulations ont été et seront l'occasion d'une activité nouvelle pour les banques de change chargées de convertir en créances de circulation internationale les échéances métalliques souscrites par la Chine. D'autre part, les banques de capitaux trouveront à l'essor industriel du monde jaune des occasions supplémentaires de placement. Il arrivera ainsi que les banques d'affaires, les tard-venues en Chine, seront les premières éliminées, tandis que les banques de change et les banques de capitaux continueront à y faire de fructueuses opérations, parce que, uniquement préoccupées du change et abritées derrière lui, elles conserveront une mentalité européenne et une spécialité que les indigènes, même parvenus au terme de leur plus complet développement, ne pourront jamais ni leur enlever ni leur envier : tant il est vrai que le seul moyen pour des activités et des capitaux européens de ne pas se brûler à la longue au rayonnement des foyers chinois, c'est de s'abriter derrière ce véritable écran protecteur qu'est le change.

Une autre infériorité des banques d'affaires, c'est d'être inféodées bien plus à des motifs d'ordre politique qu'à des raisons tirées de la simple pratique commerciale. Tandis que les banques de change et les banques de capitaux peuvent être conçues en elles-mêmes et menées par des organes financiers indépendants, ce sont des influences politiques qui dirigent et soutiennent les banques d'affaires. Dès qu'on vient, en effet, à parler de la pénétration européenne en Chine, le simple raisonnement commercial disparaît et les questions dégénèrent en un immense débat politique. Il en a toujours été ainsi. Au temps où les Jésuites et divers autres ordres religieux étaient en Chine les seuls capitalistes européens exploitant çà et là quelques richesses indigènes, leur spécialité ne se soutenait qu'au moyen de la protection politique à laquelle ils faisaient de si nombreux et pressants appels. En élargissant à leur mesure le cadre de ces opérations, les banques d'affaires n'ont fait que renforcer les motifs de l'action politique dont elles sont désormais solidaires. Or, en matière d'argent, d'affaires et de capitaux, la direction qui ne cherche ses inspirations que dans la simple logique commerciale, n'est-elle pas plus assurée de pérennité, de solidité que celle qui lie ses destinées aux chances si diverses des influences politiques ?

En un mot les initiatives européennes dirigées vers l'Extrême-Orient doivent se garder de ce que l'on pourrait appeler les *illusions d'une Chine progressiste.* Nous avons déjà eu l'occasion au chapitre précédent, en étudiant la défense financière récemment adoptée par la Chine vis-à-vis de l'étranger, de signaler ce singulier mirage qui porte certains Européens à croire que tout progrès réalisé par les Chinois est une victoire au bénéfice de la civilisation occidentale. Cette religion de l'idée pour l'idée peut être pratiquée par des apôtres : il ne convient pas qu'elle le soit par des financiers attachés à des réalités matérielles.

Le succès obtenu par les chemins de fer en Chine est une des choses qui ont le plus contribué à répandre dans certains milieux ces dangereuses illusions. Le bon accueil fait par les Chinois aux voies ferrées s'explique par des raisons d'ordre immédiat et pratique et n'est point du tout l'indice d'une conversion en bloc aux idées et à la civilisation occidentales. Dans une population surabondante où les échanges de la vie matérielle entretiennent une armée de bateliers plus considérable à elle seule que la population de la France, tout véhicule rapide et pratique devait être assailli de clientèle. Il était naturel que les premières lignes tracées le long des vieux courants commerciaux et aménagées de façon à relier entre eux les grands réseaux fluviaux fussent amenées, sitôt que livrées à l'exploitation, à un haut point de prospérité. Les Chinois se sont rendu compte aujourd'hui des commodités qui s'attachent à l'établissement de ces voies de communication : c'est pour cela qu'ils s'emploient de plus en plus à n'en pas laisser l'exploitation en d'autres mains que les leurs. Ils se bornent à en confier l'exécution à des syndicats européens qui, par la science de leurs ingénieurs, viennent au secours de l'inexpérience indigène. La ligne une fois construite, le personnel une fois dressé, les Chinois réclament avec insistance au syndicat son compte d'établissement pour le lui solder. Les avis du genre de celui que nous avons mentionné plus haut sont donc bien faits pour couper court aux illusions de ceux qui voudraient voir, dans l'exploitation du futur réseau chinois, un immense champ d'utilisation et de refuge pour les capitaux européens, qui esquissent déjà une comparaison d'ordre financier entre le marché des futurs chemins de fer chinois et le marché des chemins de fer américains. Les Chinois, une fois en possession d'un réseau coordonné, l'exploiteront eux-mêmes et intégralement ; ils ne souffriront pas qu'il lui soit jamais donné l' « extériorisation » nécessaire pour le mettre à la portée des capitalistes de tous les mondes. En cette matière encore, l'Europe ne fait que présider à une transition vers un état définitif où sera rejetée sa tutelle. Sur ce point particulier, la part la plus durable de son œuvre consistera dans la dérivation, au profit de certains centres d'attraction choisis pour des motifs politiques, des grands courants commerciaux de l'intérieur. En raison même de l'idée préméditée qui aura présidé à la construction du réseau, ces courants garderont leur orientation longtemps après la reprise totale des chemins de fer par la Chine elle-même. C'est pour cette raison, bien plus que pour s'acquérir des droits à une exploitation et à une possession permanentes, que les nations occidentales se disputent âprement la concession des constructions projetées.

L'œuvre industrielle des Européens en Chine apparaît donc, sous quelque aspect qu'on la regarde, comme limitée à une période de montage et d'apprentissage au delà de laquelle les forces indigènes éveillées et conscientes d'elles-mêmes sauront s'affranchir de toute tutelle pour adapter à leur constitution économique et sociale le mécanisme indus-

	1ᵉ STADE	2ᵉ STADE	3ᵉ STADE
1° Spécialité.	Banques de change.	Banques de capitaux.	Banques d'affaires.
2° Source des profits.	Le change.	L'intérêt.	L'industrie.
3° Position spéculative vis à vis du métal chinois.	La baisse.	Les fluctuations.	La stabilité.
4° Instrument de travail.	L'or.	Un portefeuille de créances argent acquises par une conversion de créances or et maintenues à parité.	Les représentations industrielles d'un capital européen absorbé.
5° Degré d'utilisation des capitaux européens en Chine.	Abstention absolue.	Affectation temporaire.	Naturalisation totale.
6° Mode d'acquisition des profits à l'égard des Chinois.	Contre les Chinois.	Chez les Chinois.	Avec les Chinois.
7° Sentiments des Chinois à l'égard de chacune de ces spécialités.	Bienveillance car ignorante immunité.	Indifférence car simple superposition.	Hostilité car implantation.

triel acheté par elles aux banques et syndicats d'affaires. Les Chinois, admirablement progressistes, adopteront peu à peu toutes les formes de notre industrie moderne jusques et y compris la guerre qui jusqu'alors leur en était la manifestation la plus détestée ; mais ils garderont pour eux-mêmes et pour eux seuls les bénéfices et les profits d'une éducation qu'ils auront d'ailleurs payée assez cher pour en tirer d'exclusives applications. Cette évolution une fois accomplie, les banques d'affaires n'auront plus aucune raison d'être.

Le tableau ci-contre a l'avantage de résumer sous la forme la plus concise les principaux arguments qui ont étayé la discussion au cours de ce chapitre.

CHAPITRE III

DEUX ÉPISODES MONÉTAIRES

I. — La piastre française d'Indo-Chine au Petchili en 1900-1902.

Nous ne pouvons quitter l'étude des questions de banque et de monnaie sans parler de la façon dont ont été accueillies en Chine les espèces étrangères que la nécessité d'événements politiques a contraint certaines nations à y introduire. En ce genre, les deux essais les plus intéressants sont celui tenté en 1900 par le corps expéditionnaire français pour accomplir son service de trésorerie au Petchili au moyen de piastres indo-chinoises, et la tentative faite par les Russes pour acclimater en Mandchourie, dans un pays où la monnaie était de fond chinois, leur rouble papier.

Chacune de ces tentatives a été un échec, la résistance et l'hostilité des milieux indigènes à toute forme monétaire nouvelle s'étant affirmée dans l'une et l'autre de ces occasions. Toutefois, il convient de distinguer entre les causes qui ont amené cette double défaite : la piastre française a été bien plus victime d'une coalition de banquiers européens que d'un boycottage de la part des Chinois, tandis que le rouble a été rejeté par les indigènes comme contraire à toutes les idées reçues par eux en matière de monnaie et n'a trouvé de refuge que dans les banques occidentales et les concessions européennes.

C'est donc sous la forme d'une courte monographie que chacune de ces questions doit être traitée.

Les avatars de la piastre française au Petchili ne peuvent être compris qu'à la lueur de certaines remarques sur la pratique même du commerce de banque tel qu'il est effectué par les comptoirs européens locaux. Une particularité intéressante de cette industrie, c'est la véritable hégémonie, née d'une sorte de monopole de fait, que les banques exercent sur leur clientèle et les milieux ambiants. La *Banque*, terme générique, tient dans les préoccupations du commerce européen d'Extrême-Orient une place prépondérante. Rien ne circule, espèces, billets ou effets, rien ne se négocie sans son accréditation ; réunis en un consortium financier, les différents établissements prononcent les exclusions, ratifient les innovations, et le public se voit obligé de sanctionner leurs décisions. Le commerce de banque qui, en Europe, est une industrie privée, atteint ici un véritable caractère public, usurpant les attributions qui, dans une nation constituée, restent l'apanage exclusif de l'État. La banque qui a le monopole du crédit fait ou défait à son gré la circulation monétaire. Cette omnipotence est pour les banques de change une source de petits profits accidentels très intéressants, de ces bénéfices locaux qui s'ajoutent aux profits généraux réalisés sur la création et le traitement des effets internationaux. L'histoire de la piastre française au Petchili en est un des exemples les plus amusants, elle est symptomatique de certains traits : on y saisit, dans tout son jour, cette demi-conscience qui est l'âme du commerce en Extrême-Orient, une sorte d'abus de pouvoir consommé à force d'énergie mitigée de diplomatie et cette démonstration sur le vif de l'impuissance où est une cause politique à triompher, en matière de monnaie, non pas même d'une hostilité logique, mais seulement des résistances que les organismes privés, guides et conseils habituels du commerce, entendent lui opposer.

C'est un problème toujours délicat pour un corps expéditionnaire européen que de réaliser en Chine un approvisionnement de numéraire : il lui faudrait, pour bien faire, posséder une monnaie qui réunisse à la fois les qualités essentielles de poids, de réalité, de matérialité même hors desquelles, pour l'indigène, il n'est pas de monnaie, et qui, d'autre part, ne soit pas trop en contradiction avec les mœurs et les habitudes de ses comptables et de ses hommes pour lesquels la considération de l'effigie ou même de la vignette est le seul critérium de la certitude en matière monétaire. Cette monnaie mixte n'existant pas, le trésor des armées en campagne, se modelant sur la comptabilité même toujours tenue en expressions nationales, n'est guère constitué que d'espèces européennes. C'est ainsi que les Russes ont fait toute leur campagne d'occupation et aussi d'évacuation de la Mandchourie avec le rouble comme fond de toutes leurs acquisitions indigènes.

Toutefois, si cette difficulté d'ordre pratique a pu paraître un instant sur le point d'être favorablement réglée, c'est bien lors de la venue au Petchili des contingents français à la suite des événements de 1900. Ceux-ci apportaient, en effet, comme moyen d'échange, un lot de *piastres du commerce* empruntées à notre colonie d'Indo-Chine, lors du passage des affrétés aux escales. Cette monnaie, par sa frappe, sa forme certaine, se prêtait aux estimations européennes : par ailleurs, elle ne pouvait déplaire aux Chinois, puisque, comptée à la seule valeur de son métal, elle était libérée de la servitude et de la convention où la garantie de l'État tient aujourd'hui la plupart des monnaies d'argent. Cette piastre était donc bien la monnaie mixte rêvée et tout portait à penser que son introduction au Petchili n'aurait que d'heureux résultats.

Ses débuts, en effet, furent assez satisfaisants : elle assura, tant bien que mal, le plein service de l'armée jusqu'au jour où les banques européennes de Tien Tsin, ayant rouvert leurs succursales, vinrent porter à sa circulation un coup d'audacieuse préméditation.

Dans cette première période qui va de l'arrivée des contingents français au Petchili à la date de la reprise du commerce normal de banque et où par conséquent les seules parties en présence étaient, d'une part, les Chinois, vendeurs de denrées, d'objets, de services et, de l'autre, le corps d'armée et les hommes acheteurs de ces mêmes utilités, l'histoire de notre monnaie d'Indo-Chine fut la suivante.

La piastre française se heurta d'abord aux préventions bien connues des indigènes à l'encontre de toutes les monnaies frappées. Aussi les Chinois, avant de l'admettre aux paiements normaux, prirent-ils soin de se renseigner sur sa valeur métallique. Ils la jetèrent au creuset et examinèrent par leurs procédés habituels le résultat de cette fonte. Cette investigation eut pour effet de faire passer, dans leur conception, la piastre française de l'état de pièce à l'état de lingot : sous cette forme, la seule possible à leur entendement, ils purent établir l'indispensable corrélation entre elle et les taëls métalliques. Ils se créèrent ainsi une base, une table de conversion. Et c'est là qu'apparut, alors, cet extraordinaire raffinement que les Chinois (voués au troc selon certains !) apportent à toutes les questions monétaires. Vis-à-vis des taëls, ils infligèrent à notre piastre, sur sa valeur métallique, une dépréciation correspondant aux frais de fonte et de transformation nécessaires pour la ramener à la forme brute et au titre en usage dans les milieux indigènes, mais ils lui accordèrent une prime vis-à-vis des autres espèces monnayées qu'elle côtoyait dans la circulation, telles que les dollars mexicains, parce qu'ils avaient reconnu que nos piastres moins frayées et de meilleure frappe offraient plus de sécurité métallique à celui qui les recevait. De sorte qu'il y avait, pour la même pièce et au même lieu, suivant le cas, une prime ou une perte à l'effigie. Ils établirent alors, sur cette double appréciation, les spéculations, les arbitages habituels sans lesquels la monnaie n'est pour eux que chose morte, puis, satisfaits d'avoir mis à leur aune la nouvelle venue, ils continuèrent à l'honorer. Cet accueil fait à notre piastre par les Chinois ne prenant conseil que d'eux-mêmes est des plus intéressants : il démontre aux réformateurs monétaires et en particulier aux Américains combien grande est l'illusion de ceux qui pensent, à l'aide de la frappe, amener une stabilité complète dans le système monétaire chinois. L'effigie est, au contraire, pour eux un élément supérieur d'instabilité, car elle prête à des discussions, à des appréciations diverses sur sa commodité, son abondance, sa rareté, son rayon d'action, le crédit et la bonne volonté de son émetteur responsable, toutes considérations que les Chinois, habiles à tirer les plus petites conséquences de leur logique utilitaire, arriveront toujours à traduire par des chiffres.

La piastre française avait donc conquis sinon droit de cité, au moins droit d'usage au Petchili lorsque les banques

européennes de Pékin et Tien-Tsin rouvrirent leurs portes. La présence de cette nouvelle venue ne pouvait en rien entraver la marche journalière de leurs transactions. D'autre part, la réclame politique que l'acclimatation de cette pièce faisait à la cause française leur était assez indifférente puisque ces banques de change, vouées à de saines et exclusives traditions commerciales, sont très libérées de préoccupations politiques. C'est donc uniquement pour profiter d'un adroit arbitrage que les banques partirent en guerre contre la monnaie d'Indo-Chine. C'est réellement une histoire charmante que celle de cette conspiration monétaire.

Servies par l'absence d'une banque française (1), mettant d'autre part à profit la véritable domination qu'une situation de fait leur donnait sur le commerce local, les banques anglaises, avec cette sobriété d'appareil et de mots qui est partout une des formes de l'action britannique, affichèrent un jour, au-dessus du guichet de leur caissier, une petite pancarte qui contenait ces simples mots écrits aussi en chinois :

FRENCH DOLLAR

DISCOUNT 6 PER 100

sans autre explication. Ce jour-là, lorsque les compradores des maisons de commerce vinrent aux versements, le caissier, de son air le plus naturel, leur montra l'avis derrière lequel s'abritait sa brusque et innocente sévérité. Il y eut gros émoi parmi tous les détenteurs de la monnaie

---

(1) Cette lacune est sur le point d'être comblée. Le projet d'augmentation de capital de la Banque de l'Indo-Chine, soumis en ce moment (décembre 1905) au Gouvernement, prévoit la création de succursales à Pékin et à Tien-Tsin.

française. On assista alors à ce fait extrêmement curieux que la décision prise par les banques, loin de tenir éloignée de leurs guichets une monnaie qui s'y trouvait si injustement traitée, l'y amena tout d'un coup dans un véritable *rush*. Les banques avaient créé un courant de panique qui emplissait leurs caisses d'une monnaie qu'elles semblaient avoir voulu éloigner d'elles. En effet, les particuliers, les commerçants, au moins dans les petites transactions, soit ambitieux d'un gain supplémentaire, soit simplement apeurés, accentuaient encore la dépréciation du dollar français, de sorte que les conditions draconiennes de la banque devenaient, en fait, le traitement le plus favorable.

En outre, les banques, changeurs et fondeurs chinois, trouvant là une occasion de recruter du métal à bon compte, avaient suivi le mouvement. Toutes ces raisons firent que, dans l'espace de trois semaines, toutes les piastres d'Indo-Chine ne pouvant échapper au discount de 6 pour 100, s'étaient réfugiées dans les banques qui les recevaient en soupirant et en annonçant que cet afflux d'espèces était pour elles une véritable charge qu'elles acceptaient seulement dans l'intérêt public.

Les banques qui avaient tout organisé et tout prévu avaient ainsi réalisé à souhait la première partie de leur programme qui était *la concentration entre leurs mains* de toute la monnaie indo-chinoise en circulation au Petchili. La seconde partie était une œuvre diplomatique : elle consista à s'aboucher avec les représentants du Gouvernement français et à leur tenir le langage suivant :
« L'expérience vient de démontrer que la piastre d'Indo-Chine n'avait aucune chance de s'acclimater au Petchili : nous avons même dû, lors d'une crise récente et pour éviter de grosses pertes à notre clientèle et au public, ou-

vrir largement nos guichets à cette monnaie dont nous sommes aujourd'hui fort embarrassées. En agissant ainsi, nous avons fait confiance à une effigie française, persua-dées que le Gouvernement français, émetteur et apporteur responsable, ne nous laisserait pas encombrées de ce stock inutilisable, qu'il voudrait nous considérer comme des mandataires spontanés ayant agi au mieux de ses intérêts moraux, et, en conséquence, prendre livraison, contre remises de traites sur France, des piastres colligées pour son compte, à charge pour lui de les rapatrier puisque tout démontre qu'elles ne sauraient être d'aucun emploi au Nord de la Chine. » La spéculation consistait donc à vendre à 100 pour 100 (le Gouvernement français ne pouvant pas discuter de sa propre monnaie) ce qui n'a-vait été acheté qu'à 94 pour 100, à gagner en somme 6 pour 100 sur tout le stock monétaire français introduit au Petchili, déduction faite de ce que les Chinois en avaient livré à la fonte.

La requête des banques fut examinée avec beaucoup de sollicitude et de soin par les représentants du Corps di-plomatique français qui furent d'avis que l'on devait y faire droit dans l'intérêt du point d'honneur et du crédit natio-naux, dont les étrangers et surtout les Chinois épiaient peut-être une défaillance. Au contraire nos agents financiers firent des réserves. Les pourparlers traînèrent en longueur, si bien que les banques risquaient de perdre sur l'intérêt le bénéfice de 6 pour 100 fait sur le recrutement des piastres. Elles n'hésitèrent pas alors, devant cette éventualité que chaque jour rendait plus menaçante, à faire elles-mêmes le rapatriement et à expédier sur leurs agences de l'Indo-Chine, où elles retrouvaient leur pleine valeur, moyennant des frais de transit se montant à peu près à 1 pour 100, les piastres françaises acquises à des conditions si avan-

tageuses. Ce fut encore une belle opération et qui montre
à quels illogismes et à quelles coupables spéculations on
ouvre la porte quand on veut introduire en Chine une
considération d'effigie. Par suite de ces manœuvres, il
n'existe plus, des énormes quantités qui y ont été importées en 1900 et 1901, une seule piastre indo-chinoise en
circulation au Nord de la Chine. Il leur a fallu choisir
entre deux alternatives : rapatriées ou fondues.

II. — Le rouble russe en Mandchourie
en 1904-1905.

Si la piastre française n'a été évincée des milieux chinois que par suite d'un coup de spéculation accompli par
une confrérie financière européenne, le rouble doit toutes
les vicissitudes qui l'ont atteint au cours des années 1903
et 1904 en Mandchourie à son caractère particulier qui le
rend étranger et suspect aux commerçants et aux banquiers indigènes.

Le rouble est, en effet, une vignette. C'est un billet
qui, en dehors de sa nullité métallique, avait encore pour
les Chinois l'inconvénient d'être administré et distribué
par des hommes en armes. Le rouble, par sa nature, la
qualité de ses commettants les plus proches, ne pouvait
donc rencontrer dans les milieux chinois qu'un ostracisme
fait de défiance et d'hostilité.

Ce fut donc un coup de force de la part des Russes que
d'imposer autour de leurs groupements militaires, à Port-
Arthur, à New-Tchang, l'usage du rouble ; gros consommateurs de denrées locales, ils ne consentirent aux indigènes que ce mode exclusif de paiement. Il faut dire que
la présence d'une banque quasi-nationale, comme la banque

Russo-Chinoise, en assurant le service du change et de la reprise de ces roubles papier, vint rendre acceptable et pratique une décision que la force, à elle seule, n'eût pas réussi à imposer. On arriva ainsi à créer un courant superficiel de circulation du rouble qui, entièrement canalisé entre le trésor militaire russe dont il émanait et la banque russe où il aboutissait, traversait, sans s'y répandre, les milieux indigènes.

Le moindre heurt à cet équilibre de convention devait mettre fin à une situation monétaire aussi factice. Tant que les Russes s'étaient bornés à des dépenses d'occupation, le rouble avait pu garder ses voies de dégagement ; celles-ci furent obstruées du jour où les nécessités d'une formidable campagne de guerre vinrent augmenter — et dans quelle proportion ! — le stock de vignettes russes importées. En même temps la mauvaise fortune des armes obligeait la banque Russo-Chinoise à fermer ses agences, de sorte que les issues offertes à la retraite des roubles se rétrécissaient au moment où eux-mêmes se multipliaient.

Le résultat de cette situation critique fut d'amener une énorme déperdition de la valeur des roubles à tous les points engorgés ; les Chinois, faute de mieux, continuèrent à recevoir le paiement de leurs fournitures en monnaie russe, mais ils majorèrent leurs prix de toute la dépréciation au change qui lui était infligée. Le Trésor russe en pâtit gravement. Désireux d'autre part de retrouver immédiatement, et à quelque prix que ce fût, les réalités métalliques qui leur étaient chères, les indigènes firent refouler les roubles dont ils étaient détenteurs jusqu'aux plus prochaines places de change et en particulier jusqu'à Tien-Tsin, distant de cinq à sept jours de caravane des centres de la guerre. Là se trouvaient, en effet, des agences de banques anglaises et russes seules capables d'apprécier le rouble et de lui faire accueil. Sur cette place même, l'offre en roubles pesa tellement sur le marché monétaire local que le change de cette monnaie s'en fit couramment de septembre 1904 à juin 1905 à raison de 0,65 à 0,70 de taël et de 0,80 à 0,90 de dollar mexicain, ce qui représente une valeur moyenne de 2 fr. 20 attribuée au rouble qui continuait à valoir en Europe 2 fr. 62 environ. Et encore, à ces taux extrêmement réduits, les roubles ne trouvaient-ils auprès même des Européens qu'un accueil des plus réservés, car les détenteurs de la monnaie chinoise la gardaient jalousement à cause des précieuses utilités qu'ils en tiraient alors pour le commerce de transit sur la Mandchourie que les besoins des armées avaient poussé à un point de prospérité qui confinait à l'exaspération, et parce qu'aussi la hausse continue du métal argent, à cette date, poussait chacun à ne point se démunir d'espèces chaque jour plus difficiles et plus coûteuses à acquérir.

Il fallut donc organiser le rapatriement des roubles refoulés en masse jusqu'à Tien-Tsin : les Européens, sur le point de rentrer en Occident, ne manquèrent pas de faire provision de cette monnaie et de réaliser ainsi entre Tien-Tsin et Port-Saïd ou Marseille un gain de 40 centimes environ sur chaque rouble. Tel était le cas, par exemple, d'un Français qui, possesseur de 10.000 taëls, voulait avant son départ de Chine les convertir en monnaie européenne. Dans les circonstances normales, il n'eût eu d'autre ressource que de se rendre à la banque qui, au taux de 3 fr. 50 environ par taël, lui eût remis une traite de 35.000 francs. En s'abouchant avec des négociants chinois ou des trafiquants européens venus de Mandchourie porteurs de roubles et soucieux de s'en défaire, il obtenait pour ces 10.000 taëls 16.000 roubles qui à Marseille, au taux de 2,62, lui faisaient près de 42.000 francs, soit un gain net d'environ 7.000 francs, acheté, il est vrai, par les risques plus moraux que matériels qu'il y a à transporter sur soi des sommes aussi importantes exposées à toutes les tentations des longues escales et de la vie de bord où le hasard revêt des formes si alléchantes. Nous en savons auxquels leur intelligence financière a fini par coûter très cher et dont une solide traite tirée sur une maison de commerce ou une banque de Marseille eût beaucoup mieux servi les intérêts permanents. Cette observation vaut mieux qu'une simple plaisanterie : la crainte des pertes, des soustractions matérielles, la défiance de soi-même, faisaient que les voyageurs ne se munissaient guère de roubles qu'en proportion de leur viatique et qu'ils conservaient, sous la précieuse forme « lettre de crédit », tout le gros de leur avoir. Leur action pour le rapatriement, qui, si elle se fût exercée pleinement, eût déjà été insuffisante, était donc, en fait, très limitée. La charge et aussi les profits de cette opération devaient revenir aux professionnels de la banque et en particulier à l'agence de la Russo-Chinoise. Les conditions de ce rapatriement valent la peine d'être indiquées : la banque remettait à la poste française de Tien-Tsin, enclos dans de grands sacs de poste, les roubles recueillis par elle. Ces sacs étaient étiquetés non pas au nom de l'État russe, mais à celui de particuliers, pour ne point devenir prises de guerre au cas où ils seraient tombés entre les mains des Japonais, soit au passage des lignes d'armées, soit lors des visites pratiquées dans tout le golfe et la mer Jaune par la marine japonaise. Sous ce déguisement, ils étaient acheminés en Russie où le Ministère des Finances impériales en prenait livraison. Celui-ci créditait alors, en compte courant, la Banque expéditrice du montant des envois, de sorte que celle-ci, ayant acheté le rouble à Tien-Tsin à des cours exceptionnellement bas, faisait un superbe bénéfice de change. Ce n'est d'ailleurs là qu'un des nombreux profits que le mouvement et le conflit des monnaies a permis à la Russo-Chinoise de réaliser pendant la durée de la guerre.

L'histoire de la piastre française et du rouble, intéressante à tant de titres, montre bien quelle force de répulsion, de « refouloir » même, les milieux chinois opposent aux innovations monétaires venues de l'étranger. Elle peut et doit être méditée utilement.

CHAPITRE IV

I. — Exportation.

Il fallait, pour aborder logiquement l'étude du commerce d'exportation et d'importation, déterminer d'abord les caractères de la monnaie chinoise et les usages spéciaux aux banques européennes en Chine. Les précédents chapitres ont pourvu à ce soin.

Nous n'avons pas ici l'intention de faire une étude détaillée et purement commerciale des marchandises de circulation entre les deux mondes. C'est à l'examen des principes essentiels qui, par-dessus l'art de vendre et d'acheter et en dehors de toute technique commerciale, dirigent d'une façon imminente les destinées de l'un et l'autre commerce, que nous voulons seulement consacrer quelques réflexions.

Le commerce d'exportation et le commerce d'importation ne sont nulle part aussi dissociés l'un de l'autre qu'en Chine ; au lieu d'être les deux formes d'une action commune, ils sont chacun l'expression séparée de tendances et de pratiques opposées. Les différences y sont à ce point accusées que l'on peut dire très justement : le clan de l'exportation et le clan de l'importation. L'action occidentale en Chine n'a donc rien d'uniforme : ce défaut d'entente entre les Européens est tout à l'avantage des Chinois qui arrivent à contracter, à la faveur de ces dissensions des alliances alternatives avec l'un des partis contre l'autre. Avant même que d'atteindre les indigènes, les réformateurs se heurtent à l'opposition de groupes et d'intérêts européens : il leur faut livrer sur ce terrain une bataille dont ils sortent souvent trop discutés et trop affaiblis pour aller plus loin. Ce qui plairait aux Américains et aux Allemands suscite les colères britanniques ; la réforme monétaire désirée par les uns est repoussée par les autres, l'instabilité des valeurs chinoises au change européen est pour certains source de profits, pour les autres cause de ruines. Ceux-ci tiendraient pour une pénétration effective appuyée, au besoin, de démonstrations politiques et militaires ; ceux-là ne veulent qu'une action commerciale franche de tous privilèges, de toutes protections et dont le libre commerce fixe lui-même la mesure et la portée.

Cela tend à rendre singulièrement complexes toutes les questions qui s'agitent autour de la Chine.

Pour nous en tenir, sur notre point spécial, à des caractères généraux, nous dirons :

1° Que l'exportateur *recrute* des matières premières de grande consommation tandis que l'importateur *revend* des produits industriels et fabriqués à destination spéciale. L'un *emmagasine* et l'autre *écoule*.

2° Que l'exportateur agit de première main tandis que l'importateur n'est un facteur que du troisième ou quatrième degré.

3° Que l'exportateur agissant comme *courtier* de marchandises de grande consommation, soumises, de ce fait, à une demande illimitée, est libéré des préoccupations commerciales inhérentes à la vente fractionnelle tandis que l'importateur agissant comme *placier* en est obsédé.

4° Que l'exportateur *concentre* tandis que l'importateur *dissémine*, l'aboutissant du premier étant le dock, le magasin général et l'aboutissant du second étant la boutique indigène.

5° Que l'exportateur répugne à toute pénétration intensive et méthodique de la Chine qui aurait l'inconvénient de l'obliger, sous la pression de la concurrence, à sortir des villes européennes pour porter à l'intérieur les avant-postes de son commerce et aussi l'inconvénient d'éduquer le fournisseur indigène auquel il faut cacher soigneusement les conditions de prix, d'usage de ses marchandises sur les marchés européens, si l'on veut conserver chez lui cette mentalité invariable qui est, pour l'exportateur, une base certaine à ses évaluations et une source fructueuse d'exploitation. L'importateur, au contraire, veut la pénétration le plus loin possible, pour répandre dans les milieux populeux de l'intérieur, seuls propres à la diffusion commerciale, les objets de son négoce.

6° Que l'exportateur étant acheteur en argent et vendeur en or, est constamment baissier sur le métal chinois tandis que l'importateur étant acheteur en or et vendeur en argent y est constamment haussier.

Nous allons voir ces différences s'accuser dans la pratique même des opérations de chacun d'eux.

En ce qui concerne les produits d'exportation, la Chine peut être partagée en trois grandes zones calquées à peu près sur les divisions climatologiques.

Au nord, entre New-Tchang et Tché-Fou, c'est le commerce des fourrures et surtout des peaux qui est le principal aliment de l'exportation. Le centre de ces échanges est à Tien-Tsin où affluent les peaux de chèvres venues par caravanes de Mongolie et les fourrures communes recueillies dans toute la Chine sibérienne. C'est la cordonnerie américaine qui est le principal acheteur de cet article.

Au centre, avec Hangkéou comme capitale, c'est le thé qui est l'objet d'une exportation considérable, s'effectuant par deux voies : la route maritime qui emprunte le cours du Yangtsé jusqu'à Woosung-Shanghaï et la route terrestre qui, par caravanes et convois fluviaux, achemine lentement les thés vers leurs plus grands centres de consommation qui sont la Sibérie et la Russie. D'importantes maisons moscovites, comme la « firme » Petchanoff-Moltchanoff sont adonnées à ce commerce et y réalisent d'énormes bénéfices.

Au sud, dans la Chine tropicale, c'est le commerce des soies qui à Shanghaï et à Canton absorbe l'activité des exportateurs. De très importants achats y sont chaque année, d'une façon régulière, pratiqués pour le compte de gros clients lyonnais, allemands ou suisses.

Le caractère essentiel commun à tous ces objets d'exportation, fourrures, pelleteries, thés, soies brutes, est d'être des marchandises de grande consommation orientées sur des courants commerciaux bien déterminés à l'issue desquels elles sont toujours sûres de rencontrer une clientèle naturellement empressée, puisque leur défaillance ou seulement leur rareté amènerait de terribles privations pour les sociétés occidentales. La question des débouchés n'existe donc pas pour elles : leur consommation est illimitée, extensible à l'infini, elles sont toujours sûres d'être plus vivement demandées qu'abondamment produites.

Le mécanisme commercial appliqué au transit de ces marchandises diffère peu suivant les trois zones de produits. Nous choisirons, pour dresser la technique de l'exportation le commerce des peaux et fourrures que nous avons vu fonctionner de très près à Tien-Tsin.

Les trois piliers d'une maison d'exportation sont le fondé de pouvoirs indigène dénommé compradore, le magasin général appelé *godown* et la banque européenne. C'est de la combinaison de ces trois éléments que naît l'œuvre d'exportation. Le rôle du *manager* européen c'est de coordonner l'action de ces trois forces.

Rien n'est, en fait, plus facile. La direction d'une grande maison d'exportation ayant ses crédits bien établis, son lot de fournisseurs et de clients, laisse au « manager » de l'entreprise beaucoup de liberté et de loisirs. L'Anglais réalise, dans cette charge, sa conception de la vie lointaine : beaucoup d'initiative, de gros profits, une grande part de liberté à consacrer aux délassements extérieurs. Son activité, son attention ne sont vivement sollicitées qu'à l'époque de la « *saison* ». C'est ainsi que, dans le courant du mois de septembre, chaque exportateur de Tien-Tsin reçoit, un matin, la visite de son compradore qui vient lui annoncer que les marchands de fourrures et de peaux ont apporté leur récolte annuelle et que le « godown » (1) est déjà plein. Le compradore ajoute qu'il faut payer toutes ces marchandises. L'exportateur se rend alors à la succursale de la Hong-Kong ou de la Chartered Bank où il répète les indications qui viennent de lui être données par son compradore en ce qui concerne la nature et la qualité des marchandises dont il est détenteur. Le plus généralement la banque se contente des affirmations

____

(1) Magasin, dock, entrepôt.

du négociant sans même envoyer de délégué constater la valeur du magasin, la déclaration vaut presque toujours estimation. Ces données une fois établies, la stipulation suivante s'exécute entre la banque et l'exportateur : la banque fait au négociant, moyennant intérêt de 6 à 8 pour 100, une ouverture de crédit gagée sur le stock exportable, ceci étant entendu qu'aucune marchandise warrantée ne pourra désormais sortir du « godown » que contre remise d'une traite sur l'Europe destinée à couvrir la banque de son avance en taëls. Au moyen des fonds ainsi mis à sa disposition, l'exportateur paie ses fournisseurs.

Partout ailleurs l'opération se terminerait là ; en Chine, elle est à peine commencée. Le contrat a, en effet, une finesse qui est celle-ci : *l'exportateur doit-il ou ne doit-il pas retenir son change ?* En d'autres termes, doit-il, au jour même de son emprunt fixer le taux du remboursement du taël ou doit-il n'aborder cette question qu'au jour où les marchandises quitteront l'entrepôt ? Dans le premier cas, l'exportateur n'a plus rien à craindre mais aussi plus rien à espérer du change : il devra se contenter d'un bénéfice commercial ; dans le second cas, au contraire, l'exportateur demeure chargé d'une dette indéfinie que toute baisse de l'argent viendra alléger.

Nous allons examiner la situation de l'exportateur dans les deux cas :

1° Contrat à « change retenu ». — L'exportateur a reçu 100.000 taëls de la banque, il les a distribués à ses fournisseurs et convenu avec la banque qu'à la sortie des marchandises de son entrepôt il serait libéré par la remise d'un effet sur l'Europe d'une valeur de 350.000 francs quel que soit le cours du change au jour de cette expédition, comme contre partie à cet engagement, il passe une dépêche à un client d'Europe ou d'Amérique lui annonçant l'envoi de son lot de marchandises au prix de 400.000 francs. Il fait là un bénéfice commercial de 50.000 francs, rien de plus. La conclusion à tirer de ce contrat est la suivante : un exportateur qui entend rester étranger aux spéculations du change a toutes facilités pour exercer son métier en Chine sans être en rien obligé de s'y mêler. Il est très intéressant de constater qu'un exportateur de Chine peut, s'il le veut, acheter à des indigènes et vendre à des Européens, sans manier, à aucun moment, d'autres unités monétaires que les livres ou les francs. Dans le contrat que nous venons de décrire, l'exportateur, en effet, n'a jamais dû que 350.000 francs et possédé 400.000 francs. Les taëls qui ont passé une minute entre les mains de son compradore, quoique formant la base de ses acquisitions, n'ont laissé aucune trace dans sa comptabilité ; ils se sont énoncés 350.000 francs au débit et 400.000 francs au crédit. Nous retrouvons là, chose symptomatique, le plein des systèmes des banques de change et ce remarquable « absentéisme » qui consiste à être en Chine tout en n'y étant pas puisque toutes les opérations, toutes les balances se soldent en or, sans considération des fluctuations de la valeur indigène. Ce point est, plus que tout autre, digne de fixer l'attention : constatons, en effet, que s'il est possible d'acheter aux indigènes pour vendre aux Européens sans sortir jamais des expressions monétaires occidentales, il faut, pour pratiquer l'opération inverse, pour acheter aux Européens à destination de l'indigène, pour être importateur, en un mot, manier les deux sortes de monnaies et courir le risque de toutes leurs fluctuations.

2° Contrat à « *laisser courre* » le change. — L'exportateur, comme dans le premier cas, reçoit 100.000 taëls

de la banque avec lesquels il désintéresse ses fournisseurs.
Mais au lieu de stipuler le jour même de cette remise de
fonds le montant de la traite européenne destinée à équivaloir sa dette indigène, il néglige volontairement ce côté
de la question. Il sort donc de la banque devant cent
mille taëls purement et simplement. Il suppute, en lui
même, qu'au taux du jour, ces cent mille taëls représentent 350.000 francs, c'est cette évaluation qui lui sert
de base pour lancer à son correspondant de l'Europe ou
d'Amérique sa dépêche de couverture. S'il veut un bénéfice
commercial de 50.000 francs il offrira son stock à
400.000 francs. Une fois muni de l'acceptation de son
client, la situation de l'exportateur est la suivante : il doit
100.000 taëls, on lui doit 400.000 francs. Par conséquent
sa tâche est de tendre à sacrifier le moins possible de ces
400.000 francs pour s'acquitter des 100.000 taëls qu'il doit.
Il est donc à la baisse sur l'argent, dans les mêmes conditions
où s'y trouve la banque de change, son alliée, grâce à
laquelle il a pu prendre cette position (1). Si par exemple le
taël vient à tomber à 3 fr. 25, l'exportateur ne devra plus à
la sortie des marchandises de l'entrepôt que 325.000 francs,
tandis qu'on lui devra toujours 400.000 francs. Il aura donc
gagné 50.000 francs sur son commerce et 25.000 francs sur
son change. Si cette éventualité se produit, les godowns
se vident presque instantanément; il n'est pas assez de
coolies, de véhicules et bateaux pour transporter les marchandises hors des entrepôts, dont le change descendant
a, comme une fée magique, ouvert toutes grandes les
portes. Ce bénéfice supplémentaire dont l'importance a
parfois dépassé le simple profit commercial, s'est renouvelé
chaque année jusqu'en 1903 avec une telle régularité que

(1) Pour le rôle de la banque en cette matière, voir pages 72-73.

la règle générale chez les exportateurs était de ne jamais retenir le change.

La hausse de l'argent, survenue en 1903, 1904 et 1905, leur a fait, tout comme aux banques de change, une situation nouvelle. Comme elles aussi, les exportateurs, gâtés par trente ans d'heureuse fortune, n'ont pas voulu plier devant ce qu'ils considèrent comme un simple accident, ils ont maintenu, pour la plupart et dans différentes proportions, leur système favori. Au cours des saisons 1903 et 1904 l'amplitude des fluctuations a permis à la plupart d'entre eux de *manœuvrer* leur change ; instruits par les retours offensifs du métal en ces deux années, ils ont pu aborder avec plus de prudence la saison 1905 où la tension du change a été continue. Mais ce qu'il y a de remarquable, c'est que dans les cas défavorables, ce découvert n'est jamais l'occasion d'une perte effective mais seulement d'une diminution de profit. S'il faut payer 375.000 francs pour se libérer des cent mille taëls au lieu des 350.000 prévus, cette perte au change sera imputée sur le bénéfice commercial qui retombera à 25.000 francs. — *L'exportateur ne risque donc jamais dans les spéculations sur le change, auxquelles il peut d'ailleurs demeurer étranger, que tout ou portion d'un gain acquis.*

La situation de l'exportateur de Chine est donc exceptionnellement favorable : détenteur de marchandises de grande consommation, assurées, à ce titre, d'un débit certain et régulier, il en tire des facultés de crédit presque illimitées comme importance et comme durée. Il peut, à son gré, agrémenter son commerce d'une spéculation sur le change ou l'en tenir éloigné. Il n'est jamais contraint de prendre position et peut ainsi s'abstraire de tous soins étrangers à ses occupations professionnelles.

L'étude des différentes stipulations du change usitées

par les exportateurs a permis de saisir, sur le vif, l'alliance intime des banques de change et du commerce d'exportation dont l'activité, les profits, sont subordonnés à l'avilissement continu de la matière monétaire indigène. Exportateurs et banquiers constituent le clan de la baisse : la clé de voûte du système est constituée par cet ingénieux mécanisme d'avances sur marchandises qui permet aux exportateurs de procéder à leurs achats de matières premières à découvert. Tout comme les banquiers eux-mêmes, les exportateurs, gens d'Europe et d'Amérique, font tous leurs efforts pour posséder le moins possible d'espèces locales : en effet, à dater de la conversion d'une valeur or en une valeur argent, la baisse, cet élément si bienfaisant leur devient nuisible. Exportateurs et banquiers doivent donc convertir le moins possible : c'est ce qui les engage à se faire mutuellement la courte échelle pour l'échafaudage de ces situations « vendeurs ».

II. — Importation.

Au rebours de l'exportateur de Chine qui est un courtier de marchandises de grande consommation, l'importateur en Chine est un placier de spécialités.

Son rôle consiste à satisfaire les appétits, les désirs que les Chinois peuvent avoir des choses d'Occident. Il lui faut aussi initier l'indigène à la pratique de nouvelles consommations.

L'état d'une Chine susceptible de n'être intéressée que par un très petit nombre d'articles européens et certaines tendances particulières au commerce d'importation confinent ces transactions dans le cycle des *spécialités*.

Ce caractère se découvre aussitôt que l'on prend soin

de diviser les marchandises d'importation en deux catégories : les objets fongibles destinés à être consommés « primo usu » et les objets voués par leur nature à une certaine durée d'usage.

En ce qui concerne les premiers, les goûts des Chinois sont tellement rudimentaires, leurs gosiers et leurs estomacs sont tellement différents des nôtres que les produits d'importation ont à peine besoin de se parer d'une grossière similitude de nom et d'aspect. Les Chinois se montrent friands d'asperges de Hambourg, ils absorbent sans sourciller des sardines conservées à l'huile de pétrole, ne prennent aucune répugnance aux plus grossières contrefaçons alimentaires et commerciales. D'autre part, il est absolument nécessaire, pour que ces marchandises pénètrent un peu dans la consommation générale, qu'elles soient offertes à des prix beaucoup plus bas que ceux auxquels les produits dont elles ursupent la qualification pourraient être livrés en Europe. Le Chinois mange à des conditions inouïes de bon marché. Le commerce d'importation est donc voué, de par les goûts et la demande de sa clientèle, à n'expédier en Chine, pour tout ce qui concerne le genre comestible, que des spécialités intolérables à toute autre destination.

Pour les objets destinés à faire durée et à ne s'user qu'à la longue, les Chinois ont une autre mentalité. Désireux d'être bien servis, ils se montreraient disposés à payer les sommes nécessaires pour avoir des produits de valeur. C'est ainsi que, pour tout ce qui concerne les armes à feu, les ustensiles destinés à l'éclairage domestique, les objets d'horlogerie, les étoffes de tout genre, les Chinois recherchent la qualité. Mais là, le commerce d'importation, dominé par la terrible concurrence qui contraint Américains, Allemands, Anglais à lutter d'ingéniosité pour la conquête de bénéfices arrachés les uns aux autres, se borne à exploiter la crédulité de l'indigène en ne lui offrant que ces sous-produits, ces « contre », « demi » et malfaçons, cette camelotte en un mot, que l'industrie moderne excelle à produire abondamment, à peu de frais, mais qu'elle ne sait guère écouler.

Soit du fait des Chinois, soit du fait des négociants eux-mêmes, le commerce d'importation en Chine est donc bien destiné à demeurer un trafic de « spécialités ».

Il s'ensuit que la pénétration des produits occidentaux en Chine implique l'élaboration d'un plan industriel spécial comportant un outillage à créer. Mais, pour le montage de cette machinerie, pour l'éducation de cette main-d'œuvre, pour la constitution, en un mot, de ces cités industrielles, sortes de Nuremberg de l'article pour Chine, il faut absolument qu'il y ait possibilité d'établir un prix de revient et un prix de vente impliquant une relation constante entre le coût à la production et le rendement à la vente. C'est sur cette donnée qu'il faut immuable que se fixeront les salaires et les conditions d'exercice de l'industrie nouvelle : la scrupuleuse détermination du bénéfice à attendre est d'autant plus obligée qu'il est certain que la concurrence internationale amènera vite à serrer les prix et qu'il sera alors nécessaire de forcer sa propre production pour demeurer dans le train. Or, cette donnée qui doit être la base du carnet du courtier et du placier en Chine ne peut être déterminée si, dans le cours d'une même année, la valeur au change du taël varie, comme il en fut en 1903, de 0,54 à 0,68 de gold dollar. L'audace américaine verra tous ses essais échouer contre cet aléa. Supposons, en effet, qu'un industriel d'outre-Pacifique se mette en tête de travailler, en l'état actuel des changes, pour l'importation en Chine. Comment conciliera-t-il cette opposition industrielle : d'une part, une production qu'il faut intensive, d'une continuité quotidienne, et, de l'autre, un débit irrégulier, instable, le laissant parfois chargé d'un stock que les hasards du change ne lui permettront peut-être jamais d'écouler et dont les conditions même de sa spécialité ne lui permettront pas, non plus, de tirer emploi sous quelque forme un peu détournée? Ces engagements ne pourraient trouver d'issue que par des liquidations désastreuses, puisque les marchandises composant l'actif n'auraient, en dehors de l'usage auquel elles étaient destinées, aucune autre utilisation. Car, il faut bien le comprendre, le maintien en « godowns » qui est, ici, pour les exportateurs en mal de change « une ressource coûteuse », mais aussi une *exception dilatoire* toujours offerte, n'est pas possible aux importateurs de marchandises américaines ou allemandes. L'incidence du change ne frappe pas, en effet, les uns et les autres sous un même angle, et il n'y a nulle réciprocité à établir entre les dommages commerciaux que ces deux catégories de négociants en peuvent subir. Car l'exportateur de Chine n'a aucune préoccupation industrielle : une bonne serrure munie d'un solide cadenas et une équipe de veilleurs indigènes suffiront à garder les fourrures, les peaux, les thés, les soies qu'il détient en magasin. Ces marchandises ont, par elles-mêmes, une valeur indépendante et absolue : de plus, l'exportateur que ne talonne pas l'obligation d'un mécanisme industriel et ouvrier à alimenter, peut, à son gré, en cas de hausse du change, différer ses réglements en utilisant sur place ses stocks au moyen d'un warrantage. Les banquiers locaux favorisent, nous le savons, cette opération, parce que le gage qui leur est remis a une valeur intrinsèque et que la marchandise, quoique encore purement chinoise, a déjà des destinées européennes, qu'elle est évaluable en or et réalisable en cette monnaie. Toute autre est la situation de l'importateur : du jour où une baisse du change, en diminuant la force d'absorption du client importateur, vient à réduire ses facultés d'écoulement, l'industriel américain ou allemand se trouve chargé à la fois d'une obligation manufacturière inéluctable, quotidienne, et d'un stock inutilisable pour un crédit quelconque puisque les marchandises qui le composent n'acquièrent de valeur que du jour où elles sont placées. En un mot, ce que *détient* l'exportateur de Chine, ce sont des unités de valeur, analogues aux thés, aux métaux, portant en elles-mêmes leur crédit, tandis que ce que *produit* l'importateur allemand ou américain ce sont des marchandises de débit dont le placement est le principal élément de la valeur. En résumé, si l'on peut toujours et partout tirer d'un stock de cafés, de thés, de métaux, en des circonstances difficiles, un crédit certain, il sera, en tous lieux, impossible de se faire consentir des avances utiles sur des articles de bazar.

Les conditions actuelles du change rendent donc très périlleuses toutes les tentatives de pénétration de l'industrie germano-américaine en Chine, puisque les variations du taël agissent à son égard exactement comme un régime de douane qui, tous les jours, changerait ses tarifs. Nous savons du reste qu'en de pareilles conditions, aucune industrie internationale intensive ne saurait subsister. Pour donc que se constituent dans quelque quartier de San Francisco, dans quelque cité californienne ou canadienne, des fabriques de basses et légères cotonnades, d'armes inférieures, des pièces de fer ou de cuir grossièrement ouvrées, de produits alimentaires incomplets, de spiritueux inférieurs, d'horlogerie de pacotille, il faut qu'une stabilisation fixe, immuable, soit réalisée entre le taël et les valeurs or. C'est à l'instauration d'un régime monétaire nouveau que travaille depuis plus de trois ans le professeur américain Jenks, porte-parole des importateurs.

Le chapitre suivant sera consacré à l'examen de ces intéressants projets. Avant de l'aborder, il est nécessaire de préciser encore quelques points de détail destinés à marquer davantage les conditions d'infériorité où se trouve le commerce d'importation vis-à-vis du commerce d'exportation.

Exportateurs et importateurs s'adressent, chacun pour leur compte, à deux sortes de Chinois, de mentalité et d'éducation très différentes. Tandis que le Chinois, *fournisseur* de l'exportation, homme de l'intérieur et, pour ainsi dire, « bonhomme de la campagne », n'a aucune notion du change et se contente uniquement d'un paiement en barres, laissant ainsi à son client tout le bénéfice du change, le Chinois, *courtier* de l'importation, habitant des concessions et des villes ouvertes, est un homme très avisé et très averti qui, en cas de baisse du taël, affirme ne pas pouvoir augmenter les prix de consommation locale et, en cas de hausse, contraint le malheureux importateur à diminuer son prix courant et à lui abandonner la plus grande partie du profit que ce dernier aurait pu réaliser. Le raisonnement de ce dernier Chinois peut être aisément comparé au langage que la fable fait tenir à la chauve-souris suivant la nature de ces menaçants interlocuteurs. Le taël vient-il à baisser : je suis Chinois ; le taël vient-il à hausser : je suis un peu Européen puisque je sais discuter de la valeur de mes espèces au change international.

Il faut avoir pratiqué, pour savoir à quel point ces discussions de tous les jours qui ajoutent un élément de plus à l'instabilité de prix, peuvent entraver les destinées d'un commerce.

A de plus hauts degrés, le commerce d'importation traîne derrière lui deux boulets dont est pleinement affranchi le commerce d'exportation. Ces deux entraves lui sont rivées par le jeu de deux grandes lois économiques : la *loi de substitution* qui le contrarie jusqu'à le suspendre, et *la loi de concurrence* qui l'asservit.

Les effets de la loi de substitution sont des plus intéressants et des plus actuels. Cette loi seule permet de se rendre compte scientifiquement de la possibilité et de la victorieuse permanence du boycottage entrepris par les Chinois, au cours de l'année 1905, dans la vice-royauté de Nankin d'abord, puis de là dans tout l'empire, contre les marchandises d'importation américaine.

La loi de substitution permet de transporter aux choses dans le domaine économique ce que l'on a pu dire des hommes dans le domaine politique : « Nul n'a le droit de se prétendre indispensable ». En d'autres termes, il n'est pas d'article, en dehors peut-être des matières premières fondamentales, qui ne puisse trouver de succédané, de similaire destiné à le remplacer au besoin. C'est cette loi qui a fait échouer les blocus les plus rigoureux. Or, elle a sur tous les articles d'importation en Chine une application absolue.

Il est loisible aux Chinois de repousser les étoffes, les filés de coton pour en revenir aux lainages et aux soies indigènes, les ustensiles d'éclairage pour reprendre l'antique camoufle. Les Célestes peuvent, sans modifier autrement les conditions de leur existence individuelle ou sociale, pratiquer l'abstention soudaine, complète et raisonnée à l'égard des produits européens ou américains. Cette loi de substitution qui s'exerce constamment en

Chine à l'état latent devient un obstacle formidable lorsque les Chinois viennent à s'en servir, de propos délibéré, comme d'une arme défensive, comme d'un moyen de représailles. Sa répercussion sur l'importation en Chine s'aggrave encore des circonstances spéciales faites à ce commerce : il est intéressant, en effet, de remarquer que cette loi agit dans le même sens et dans les mêmes conditions qu'un change défavorable. Elle est venue, dans cette circonstance, augmenter la force de répulsion de la Chine au moment où la hausse continue du change aurait pu faire luire quelques espérances aux yeux des importateurs. Elle produit, en effet, ce même arrêt brusque dans le débit qui est toujours mortel pour un industriel chargé d'une obligation manufacturière quotidienne inéluctable; arrêt qui fait craquer les organismes de production pour les mêmes raisons que ne manquerait pas d'éclater une conduite dont on fermerait l'issue tandis que la source fournirait toujours.

Cette infériorité commerciale devient même, à la bien comprendre, une infériorité de peuple à peuple. En effet, la seule défense d'une nation dont les marchandises sont boycottées, proscrites ou surtaxées par une autre, consiste à appliquer aux produits de la nation rivale un traitement de rigueur équivalent. C'est la peine du talion que les diplomates ont décorée, pour leurs Livres, du nom de mesures de rétorsion. Entre nations occidentales, toutes plus ou moins solidaires les unes des autres, ce cadenas amène assez vite à des pourparlers, à des concessions naturelles, à un modus vivendi. Il n'en va plus de même de la Chine à l'Amérique : en effet, la Chine ne vend aux Américains que des matières premières indispensables à l'industrie du Nouveau Monde et soustraites, par leur nature même, à toute possibilité de boycottage. Les Américains peuvent-ils boycotter les cuirs de chèvres qui servent à faire la tige de leurs fameuses chaussures sans ruiner du même coup une de leurs spécialités, sans faire fuir de chez eux une industrie qui cesserait d'y être alimentée? Peuvent-ils, peut-on partir en guerre économique contre des thés, des soies, des fourrures? Evidemment non, tandis que rien n'est plus facile aux Chinois de se passer d'objets manufacturés dont la convenance et la mode sont les fragiles soutiens. Toute caisse, tout colis porteur de la marque « made in Germany » « made in America » est une proie facile au boycottage. Et c'est ainsi que les Américains, exaspérés et furieux, continuent à acheter pour 1.200 millions chaque année aux Chinois, tandis que ceux-ci s'évertuent à rogner le plus possible sur les 150 millions de marchandises qu'ils consentaient jusqu'alors à se laisser vendre? Que peut penser la vieille Europe de cette magistrale leçon infligée par les Chinois au Minotaure américain?

La loi de concurrence vient appuyer la loi de substitution : elle permet aux Chinois, rebelles aux marchandises américaines, de demander les mêmes produits à l'importation allemande par exemple. En matière économique comme dans l'ordre politique, la tactique de la Chine est donc bien d'opposer occidentaux à occidentaux et de détourner ainsi l'orage ou les difficultés qui la menacent.

La loi de concurrence agit, en outre, par elle même en limitant les profits de l'importation à des bénéfices dérisoires qui ne sont nullement en rapport avec l'éloignement, les dangers, l'exil imposés aux tenants de ce commerce. En dehors du trafic des armes et des munitions, toujours sous le coup d'édictions particulières qui le réduisent le plus souvent à une contrebande de fait, il n'y a pas d'importation européenne en Chine conférant à ceux qui s'en occupent une belle marge d'affaires et de profits réguliers. La chétiveté du commerce d'importation s'apprécie d'ailleurs par les faibles salaires payés aux employés européens qui s'y adonnent, et aussi par le train de vie médiocre, le caractère difficile des occupations des importateurs, au regard du luxe, de la richesse étalée et facile qui restent dévolus, en Chine, aux exploitants des vieilles maisons d'exportation.

Ces dernières sont, en effet, libérées totalement de la loi de substitution et à peu près complètement de la loi de concurrence. Celle-ci ne s'exerce à l'égard des marchandises chinoises expédiées par eux en Europe, qu'après que l'industrie occidentale les a transformées en objets du commerce courant et qu'il devient alors nécessaire de les placer à leurs consommateurs définitifs. Il y a là un curieux « *report* » de concurrence.

CHAPITRE V

LES PROJETS DE JENKS SUR LA RÉFORME
DU SYSTÈME MONÉTAIRE CHINOIS

Le change étant, nous l'avons vu, le gros obstacle à une importation intensive et régulière en Chine, il s'est formé une école et un parti économique pour tenter de le stabiliser.

Les Américains, le professeur Jenks en tête, aspirent ainsi aujourd'hui à jouer auprès du Chinois le rôle d'éducateurs à la pratique des mœurs monétaires nouvelles. En dehors de l'intérêt de l'importation, ils y sont naturellement portés par l'actualité qu'ont, en Amérique même, les débats monétaires. On peut dire que, chez ces marchands, la question des métaux précieux est la première des questions politiques, qu'elle y tient la place du cléricalisme en France, du socialisme en Allemagne, du whigtorysme en Angleterre. La Chine offre donc aux économistes politiciens d'outre-Pacifique, en veine d'expansion de personnalité et de doctrine, un champ d'expériences d'autant plus remarquable que les ravages qu'ils pourraient y faire par leurs imprudentes réformes seraient sans mal pour eux et qu'ils ont conscience de travailler là *in anima vili.*

Le porte-parole de ces conseils intéressés et légèrement perfides est donc l'économiste Jenks. Il a formulé un programme bon, à coup sûr, pour garnir une pancarte de meeting monstre, mais dont les articles révolutionnaires et absolus sont en contradiction avec les traditions pondérées et conservatrices de l'esprit chinois.

Les principaux articles de ce programme sont les suivants :

Enonciation de la valeur en or. — Création de monnaies d'or employées dans les ports ouverts d'abord. — Etablissement d'une relation fixe entre les monnaies d'or et d'argent. — Disparition progressive de la monnaie de cuivre. — Création d'une banque nationale.

Voilà certes aller un peu vite en besogne et ce plan a bien l'allure du « made in America. » Il s'y révèle des qualités d'une hardiesse quelque peu téméraire, une inévitable part de bluff, un peu d'inhumanité, et en tout cas, un souci fort bien entendu des intérêts actuels et futurs du commerce américain dans l' « *Economique* » chinoise. En revanche, il me paraît tout à fait et volontairement étranger à l'utilité proprement chinoise ; il fait surtout bon marché des possibilités d'existence laissées par le système actuel à une immense population dont le rapport entre la densité et la richesse s'exprime par un coefficient si faible qu'aucune autre nation n'en connaît point d'inférieur.

Le principal reproche que l'on puisse, avant tout examen, faire à ce projet, c'est d'être conçu par un théoricien. Qu'on en juge ! Voilà un pays, la Chine, que nous avons montré totalement démuni d'or et plus encore réfractaire à l'usage monétaire de ce métal : cette aversion

lui est dictée par des raisons d'une longue habitude, par
la pleine logique du concept monétaire chinois nettement,
brutalement monométallique, par le sentiment très avisé
de l'indépendance économique que lui confère ce métal
rebelle à l'entame étrangère, et aussi par des nécessités
sociales et de population qui nous apparaîtront tout à
l'heure tellement inéluctables que la réclame américaine
aura peu de poids auprès de leur muette éloquence. La
non-acception de l'or en Chine n'est nullement indice de
pauvreté, car elle est, à la seule estimation métallique, peut-
être la plus riche nation du globe : le stock de métal argent quasi-vierge qu'elle obtient est considérable. Quelles
raisons alors d'aller prêcher à une aussi riche collectivité
le renversement de sa monnaie, de tenter de l'initier à la
pratique d'un étalon inconnu au dam du métal qui lui a
servi jusqu'ici à régler à la fois ses échanges intérieurs
et ses obligations étrangères. C'est à la Chine conserva-
trice, nationaliste que vous demandez de reconnaître la
supériorité, d'ailleurs illusoire et aléatoire, du métal or,
de la monnaie étrangère, sur la marchandise nationale :

Car la stabilisation n'est jamais que la conséquence
d'une conversion à l'étalon d'or, puisqu'elle comporte toujours suppression de la frappe libre et restriction de la
force libératoire absolue de l'argent. Sous ce régime, la
valeur de la monnaie se sépare de la matière même qui la
constitue. Une situation aussi anormale pourrait-elle être
faite à la circulation chinoise en admettant même que les
Chinois fassent violence, pour l'adopter, à leur concept si
franc et si intime de la monnaie marchandise? Non, car de
multiples raisons s'opposent à cette réforme économique.

La stabilisation n'est possible qu'avec des réserves d'or.
L'Union latine a pu mener à bien sa stabilisation de

1875 grâce à son abondante provision de métal jaune et aux réserves détenues dans les banques nationales des États contractants ; l'Inde n'a pu amener à seize pence le point fixe de sa roupie que grâce à l'appui de l'Angleterre dont le crédit monométallique or est le plus puissant du monde : l'énonciation de la valeur stabilisée en schellings est la meilleure preuve de ce secours financier. Tels sont aujourd'hui les deux seuls exemples de grande stabilisation, puisque dans l'un l'argent y a conservé toute sa valeur libératoire et que, dans l'autre, il y est même resté la seule monnaie. Il ne faut point, en effet, faire cas ni du Japon qui n'a vu, dans son changement d'étalon, qu'un moyen de cacher sous une inflation de papier d'État sa faiblesse métallique, ni des stabilisations réalisées partiellement à l'intérieur de différents États à l'égard des monnaies divisionnaires d'argent, puisque celles-ci, tout comme le billon, n'y jouent que le rôle d'appoint de circulation. De même, le jour où l'on fixera la parité-or de la piastre indo-chinoise, c'est par le crédit et les réserves de la métropole que l'on pourra parer à l'absence du métal jaune dans ces pays ; les réformes monétaires des détroits et celle des Philippines ne se sont faites qu'avec le concours de l'Angleterre et des États-Unis qui ont consenti ce sacrifice à l'unité monétaire de leur empire et aux commodités de leurs relations extérieures. Il importe aussi de remarquer que, dans ces différentes réformes monétaires, la quantité d'argent à garantir était ou sera très faible au regard des possibilités en or, tandis que, pour la Chine, ce serait justement le contraire. L'or sera-t-il jamais assez abondant pour remplir la fonction monétaire tenue aujourd'hui par tout le métal vierge de la Chine ? Il faudrait, en tout cas, pour cela, que des importations considérables de métal jaune fussent faites en Extrême-Orient. Car les

Chinois, suprêmement matérialistes en ce qui touche à la monnaie, ne se contenteront pas, comme les Japonais, d'une figuration de l'or; il faudra leur en donner bien plus que leur en promettre si l'on veut qu'ils accordent un crédit certain au nouveau monde monétaire. A cet effet, les réformateurs font état de la production aurifère du Transvaal; mais cet élément nouveau aurait, semble-t-il, pour premier effet, de rendre toute stabilisation impossible ou illusoire en créant des variations brusques et inattendues dans le rapport de valeur des métaux précieux. Celui-ci n'est, en effet, jamais réglé que par la surproduction momentanée d'un des deux métaux sur l'autre. Donc, Jenks et ses adeptes se heurtent, pour le moment, à une contradiction dans leurs projets de stabilisation or de la valeur chinoise : car celle-ci ne peut être réalisée que par une grande importation d'or qui n'est elle-même possible qu'au prix d'une surproduction telle que toutes les prévisions dans le rapport de la valeur des métaux en seraient déjouées.

Toute stabilisation suppose une effigie monétaire préexistante. La convention qui réalise cette réforme indique toujours, en effet, quelles espèces et quelles quantités de pièces monétaires seront appelées à bénéficier de la faveur, elle institue, au profit de certaines effigies, une sorte de crédit avec garantie de leur émetteur responsable. Car on peut supprimer ou restreindre une effigie tandis qu'il est impossible de supprimer ou même de réglementer les conditions d'échange du métal vierge tel qu'il circule en Chine. Car, dans ce pays, l'effigie est absolument inexistante : elle est contraire aussi bien à la pratique chinoise qu'aux idées monétaires de ce peuple. Toute effigie inflige ici au métal qui la subit une dépréciation, une véritable décote de sa valeur intrinsèque, elle restreint ses facultés de circulation de province à province et lui confère ce caractère de chose travaillée qui est si insupportable au chatouilleux esprit monétaire chinois. Dans les concessions européennes même, la coexistence de la matière métallique proprement chinoise et des pièces d'argent à effigie simplement commerciale introduites par les étrangers donne lieu à des pratiques abusives et d'un illogisme déconcertant. Dans ces conflits d'ailleurs, le dernier mot reste toujours au taël immuable, invariable, et dans son intégrité métallique, préservé de toute erreur et de toute tromperie.

Implacablement, lorsqu'ils viennent à se trouver en possession de ces monnaies d'importation : dollars mexicains, dollars de Hong-Kong, piastres d'Indo-Chine, les Chinois les ramènent par la fonte à la forme brute qui seule leur donne en Chine plein droit de cité et pleine faculté de circulation étendue. En dehors d'un concept initial, d'habitudes traditionnelles irrévocables, cette prévention contre la monnaie leur est inspirée par les abus auxquels ont toujours donné lieu les émissions de pièces tentées par les vice-rois. Là, comme souvent ailleurs, l'effigie n'a été qu'un prétexte à couvrir de nombreuses falsifications, sorte de rançons, imposées à la foule, du droit éminent, jusque-là ignoré et que, par l'exercice même de la frappe, les vice-rois arrivaient à se découvrir. Par conséquent toute stabilisation, par cela même qu'elle suppose, avec l'usage courant des monnaies, la réglementation de l'État, me paraît impossible en Chine où toute richesse circule sous la forme brute et où l'État est absolument étranger à la qualification comme à la circulation des métaux précieux.

Ces difficultés ne sont point restées étrangères au pro-

fesseur Jenks puisqu'il a demandé un essai préalable de
son système aux concessions européennes. La réforme
ainsi limitée est absolument possible, elle est naturelle,
mais elle est puérile. Il est évident que c'est un suprême
illogisme de voir un importateur européen de denrées
d'origine et de destination exclusivement européennes,
telles que conserves, vins, habits, eaux minérales,
librairie, compter en taëls avec ses clients qui, eux-mêmes
rémunérés en or, n'ont jamais cessé l'un et l'autre de
percevoir, sous le masque de l'unité chinoise, la valeur au
change des expressions occidentales. L'usage, entre
ceux-là, d'une monnaie d'or ou d'une effigie stabilisée
serait beaucoup plus conforme à leurs engagements
comme à leurs ressources réciproques, puisque, dans ce
cas, le taël n'est qu'un tiers importun, dont la présence
fausse la véritable énonciation des prix. Mais cette réforme, les esprits la font d'eux-mêmes puisque le barème
du change ne cesse guère de diriger, en Chine, les relations commerciales entre Occidentaux. C'est donc faire
montre d'une excessive prétention que d'inférer que cette
réforme toute partielle pourrait, en quelque chose, être
l'amorce d'une refonte générale du système chinois : elle
y demeurerait tout aussi étrangère qu'un changement
advenu aux reis brésiliens ou aux pesetas d'Espagne. A
trente kilomètres de Tien-Tsin ou de Shanghaï on n'a pas
notion d'une pièce frappée. En croyant ainsi offrir des
facilités nouvelles à l'importation américaine, M. Jenks
se berce d'une trop facile illusion, puisque tout ce que les
États-Unis exportent à destination des Européens de
Chine, principalement les farines, est d'ores et déjà traité
en gold dollars. Le seul effet actif de cette modification
serait de reculer d'une étape la nécessité du change qui ne
se ferait plus, au mieux d'ailleurs de la saine logique, que

dans les occasions d'échange avec les Chinois, c'est-à-dire lorsqu'une richesse viendrait à passer du monde chinois au monde européen ou réciproquement pour y être définitivement absorbée.

Toute stabilisation nécessite de la part de l'État qui l'adopte une armature financière, une organisation de sûreté et de police, une surveillance permanente des transactions, toutes forces que le Gouvernement chinois est incapable de déployer.

Dès que la valeur du métal frappé en vient, par suite d'une édiction d'État, à se séparer de la valeur du lingot, des occasions bien connues de spéculation et de fraude sont offertes aux particuliers. Pour qu'il y ait, en effet, stabilisation effective, il faut que le point fixe soit établi plus haut que la cote commerciale du métal, car s'il en est autrement, le système ne joue plus et le prix réel continue à régler seul la valeur de la monnaie. La stabilisation devant être un état définitif, le point d'or veut être établi avec une marge assez large pour déjouer les prévisions les plus optimistes à la hausse du métal garanti. Plus la marge est importante, plus la stabilisation est assurée, mais aussi plus grande est la charge supportée par l'État garant et plus forte la prime offerte à la fraude bien facile qui consiste à faire participer au bénéfice de l'effigie, en contravention du monopole de la frappe, un supplément de métal brut. L'État doit donc défendre son monopole monétaire par des moyens identiques à ceux qu'il emploie pour défendre ses monopoles fiscaux ou commerciaux, c'est-à-dire par un ensemble de mesures de surveillance, de coercition et de police, que l'État chinois, décentralisé et amorphe, marqué d'une libérale indifférence en matière monétaire, n'est même pas en mesure de concevoir. Si, malgré son attention constamment éveillée, l'Union latine est sillonnée de pièces introduites à l'effigie postérieurement à 1875, que ne devrait-on pas craindre en Chine, où une masse considérable de métal brut, restant inemployée, fournirait aux fraudeurs une matière inépuisable à l'exercice de leur lucrative industrie. En dehors même des intentions de fraude, la stabilisation sera longtemps mise en échec en Chine par ce fait qu'un créancier chinois acceptera toujours d'être réglé de ses droits en barres métalliques sans considération d'effigies monétaires. Selon donc qu'ils y auraient intérêt, c'est-à-dire suivant l'état du cours commercial, les débiteurs avisés imposeraient, en raison de la contrainte légale, ou offriraient, en vertu d'une clause spéciale adroitement introduite, un paiement en monnaie ou en lingots. Longtemps après la stabilisation de la « rupee », les débiteurs anglais réglaient leurs exportations de l'Inde soit au moyen de traites, soit au moyen de barres, suivant qu'ils y trouvaient intérêt ; il a fallu des prescriptions et des prohibitions très strictes pour mettre fin à ces pratiques qui rendaient la réforme en partie illusoire. La stabilisation n'est donc possible que par une coopération faite à la fois de *l'action réglementaire de l'État et de la participation de l'esprit public à la réforme*. Cette double action ne saurait se rencontrer en Chine où la conception moderne du rôle de l'État est inconnue et où la population, habituée à de vieilles et saines pratiques d'échange, se refusera longtemps à admettre une distinction entre la monnaie et le métal. Car là encore Jenks et ses adeptes se heurtent à une de ces fâcheuses contradictions dont sont encombrés leurs projets : ou bien l'esprit public chinois, réfractaire à toute réforme et s'en tenant au seul lingot, offrira aux spéculateurs la facilité troublante d'une libération alternative, ou bien ce même esprit, puisant dans la pleine conscience de la réforme monétaire d'ingénieuses inspirations de fraude, rendra toute stabilisation dangereuse et précaire par les transformations illégales de la forme brute à la forme frappée qu'il fera subir au métal. Loin de réaliser une réforme utile, on substituera, dans le premier cas, au franc et pur monométallisme actuel, une sorte de dualisme monétaire, système hybride, dont la clef sera aux mains des seuls Occidentaux et des rares Chinois qui les approcheront d'assez près pour acquérir la notion de la double valeur métallique, et, dans le second, on substituera à la circulation loyale et unitaire de la Chine, un état monétaire instable guetté par une fraude inlassable et vicié de perpétuelles contradictions.

Il faut se réjouir qu'un régime qui aboutirait à de tels résultats soit, par surcroît, impossible.

La notion de l'or et son usage même limité amèneraient en Chine un resserrement monétaire dont les conséquences humanitaires, économiques et *sociales* seraient désastreuses.

De toutes les difficultés soulevées par le projet Jenks, celle-ci est la plus sérieuse car elle heurte des susceptibilités à répercussion très étendue et la plus intéressante car elle contrevient à une loi d'observation très ancienne et dont l'action sur la masse du peuple chinois est encore absolue. Une longue expérience a prouvé que les collectivités où la génération a conservé, par suite de la misérable insouciance des individus, un caractère primitif et pour ainsi dire animal, doivent être pourvues, pour leurs échanges d'entretien, d'une matière monétaire peu précieuse qui puisse, par sa grande divisibilité, réaliser une multiplication en rapport avec la multiplication même des êtres humains. En un mot : à une population qui grouille, il faut une monnaie qui foisonne. C'est cette vérité primordiale que Tacite a mise en lumière lorsqu'il dit en parlant des usages monétaires des Germains : *Argentum magis quam aurum sequuntur, quia numerus argenteorum facilior est usui promiscua ac vilia mercantibus.* Or cela, c'est très exactement la Chine. Il faut le plus possible de parcelles métalliques aux nations très peuplées, chez lesquelles l'entretien de l'existence est comme le seul souci des individus. C'est en poussant à l'excès et en dehors de leur sphère naturelle d'application les conséquences de ce grand principe que Bryan a été amené à prêcher à la masse du peuple américain la croisade contre l'or, monnaie des riches dont la rareté empêche la large circulation et restreint, en abaissant son abondance numérique, la force libératoire du salaire, seul mode d'acquisition à la portée de la grande foule. Ce qui, en Amérique, n'était que séduction populaire et électorale est en Chine vérité absolue et nécessité inéluctable. Or le système monétaire chinois, tel qu'il est aujourd'hui conçu et appliqué, réalise à merveille cette impérieuse loi de conservation et d'existence individuelle et sociale. Non seulement l'argent, par lui-même, a des facultés de subdivision très supérieures à l'or, mais de plus, en Chine, il foisonne, pour ainsi dire, au-dessous de lui, par l'aide de son associé de circulation qui est le cuivre. Car les Célestes ont, en fait, deux métaux, l'argent et le cuivre : l'intermédiaire des grands échanges et le véhicule des petites transactions. Il y a là comme deux courants de circulation qui se superposent sans jamais se confondre, et cet usage de deux métaux n'engendre pas la moindre tache de bimétallisme car il n'est jamais entré dans le judicieux esprit des Chinois d'établir une relation fixe

entre le taël et la sapèque, expressions unitaires de l'un
et l'autre métal. Ces deux valeurs ne sont que des valeurs
marchandes et leur rapport leur est assigné commercia-
lement. A l'heure actuelle (1904) le taël produit environ un
millier de sapèques et ce qu'il y a de réellement merveil-
leux, c'est que chacune de ces sapèques a une valeur individuelle, comparable à l'un de nos sous, pour l'acquisition
des denrées nécessaires à la vie. Il n'y a donc là rien de
comparable à l'état de notre monnaie de billon qui, par
une fiction monétaire, acquiert une puissance d'usage sans
aucune corrélation avec sa valeur effective ; le cuivre est
en Chine, tout comme l'argent, métal de pleine circulation.
Il y jouit de la même liberté et c'est l'initiative privée
qui pourvoit, sans limite ni restriction, à la procréation
de la sapèque ; j'ai vu (sept. 1904) au Petchili de riches
banquiers chinois acheter aux différents corps d'occupation tous les résidus de cuivre provenant notamment
des culots de cartouches de l'artillerie pour en faire des
sapèques.

A cette parfaite harmonie, à ces pratiques véritablement tutélaires, le projet de Jenks substitue un
métal jusque-là inconnu et dont l'effet est d'amener
une brusque contraction de tout le système monétaire
chinois.

L'apparition de l'or, comme métal étalon, amènerait en
effet l'échelle des prix à se régler sur des bases entièrement nouvelles et accentuerait la différenciation entre le
métal vil, le cuivre, et les métaux précieux. Cuivre et
argent seraient réduits en servitude par le vainqueur dont
les services sont encore un peu chers pour les coolies,
les ilotes qui constituent l'immense majorité du peuple
chinois.

En faisant figurer au nombre de ces prétendues ré-

formes la démonétisation de la sapèque, Jenks fait montre
d'une ignorance ou d'une insouciance totale des moyens
d'existence de la généralité des Chinois, puisque toute
mesure portant sur la basse monnaie a, dans ce pays,
d'incalculables conséquences sociales.

Pour donner pleine clarté des dangers d'une restriction
quelconque apportée à la libre circulation du cuivre, il
suffira de rapporter un exemple de réforme partielle
tentée au cours de l'année 1903, dans la province du
Petchili par le vice-roi Yuan Chi Kaï. Cela constitue la
meilleure leçon de choses à l'égard des apôtres américains. Yuan Chi Kaï, un des conseils de l'Empire, man-
darin progressiste, réformateur et militaire, prit un jour
l'idée de remplacer, dans l'étendue de sa vice-royauté, la
sapèque vulgaire par des pièces de cuivre analogues à nos
sous et qu'il appela « ten cash » ou « dix sapèques ». La
basse monnaie montait donc ainsi son échelle inférieure
de un à dix. Le résultat de cette réforme fut d'amener,
pour les coolies et tous les ouvriers dont le salaire passa
d'un coup de cent unités à dix, une diminution de la puissance d'acquisition populaire telle que, pour éviter des
misères et des troubles, le vice-roi tout en maintenant
ses « ten cash » laissa, en sous main, la sapèque
reprendre son cours bienfaisant. Peu à peu, la circulation
chinoise en vint à éliminer ces pièces qui par leur effigie
lui paraissaient suspectes et de moins sûr emploi que
l'ordinaire monnaie de cuivre. Réfugiées dans les « Concessions » où les Européens leur ont fait bon accueil
pour les raisons mêmes qui les faisaient repousser des
Chinois et parce qu'elles établissaient une subdivision
assez commode des monnaies d'argent, ces pièces n'ont
plus qu'un rayon d'action très limité. Il n'en reste pas
moins vrai que cette tentative a laissé subsister, chez les

Chinois, un certain trouble et que le renchérissement de la vie amené par le discrédit momentané jeté sur la sapèque continuera à s'y faire sentir tant que ces sous malencontreux n'auront pas complètement disparu. Car, il faut bien le comprendre, c'est uniquement ce foisonnement monétaire qui rend possible l'existence d'un peuple qui, par sa surpopulation jointe à son faible appareil industriel, est indéfiniment voué aux bas salaires. Les coolies et les ouvriers de seule force, employés par les Européens, sont payés beaucoup plus cher que ceux travaillant à l'intérieur de la Chine ; leur paye quotidienne ne dépasse pas 15 à 20 cents de dollar mexicain par jour, soit 35 à 50 centimes de notre monnaie. Mais si, avec cette somme, un Européen ne saurait acheter que quelques légumes, un Chinois sait en vivre parce qu'il transforme immédiatement ces vingt cents de dollar en cent quarante-quatre sapèques qui, de la première à la dernière, représentent pour lui une certaine possibilité d'existence. En estimant, ce qui n'est point exagéré, la valeur relative de la sapèque à l'égal d'un de nos sous, ce coolie au salaire misérable se trouve, pour les milieux indigènes, dans la situation d'un ouvrier gagnant, chez nous, sept francs, c'est-à-dire presque d'un ouvrier de luxe. A l'intérieur de la Chine, en effet, le coolie de pleine campagne ne reçoit guère qu'une quantité de monnaie de cuivre équivalant à cinq cents de dollar mexicain, soit comme valeur au change européen douze centimes environ et comme puissance relative d'acquisition indigène trente-cinq ou trente-six sous (1).

(1) Opinion du père Huc sur l'utilité de la sapèque : « Grâce à la sapèque on trafique en Chine sur les infiniment petits. On peut acheter une tranche de poire, une noix, une douzaine de fèves frites, un cornet de graines de citrouille, boire une tasse de thé, ou fumer quelques pipes de

Loin donc de penser à resserrer les mailles de ce réseau monétaire, il faudrait bien plutôt songer à donner encore de l'air et du jour à la basse circulation chinoise; il est illogique et presque criminel de vouloir introduire, dans une collectivité peu ouverte aux usages et aux besoins européens, un mode de compter analogue à celui usité dans les sociétés déjà très civilisées, où les salaires sont en perpétuelle augmentation, où la population ouvrière presque stationnaire, éprise chaque jour de besoins nouveaux, animée d'une vie politique, sait contraindre à la fois les employeurs et les pouvoirs publics à une appréciation sans cesse plus élevée de son importance et de ses services.

La réforme monétaire prêchée par Jenks ne se fera pas, parce que, en dehors des Américains et des candidats à une hypothétique importation, personne en Chine n'y a intérêt.

Pour avoir quelques chances d'aboutir, une révolution monétaire aussi complète devrait, au moins, à défaut d'une bonne logique, réunir d'impérieux caractères d'utilité générale. Or les projets de Jenks, en même temps qu'ils heurtent violemment les tendances proprement chinoises, contrarient de nombreux et puissants intérêts au sein même des collectivités européennes.

Le principal intéressé, le Chinois, qui prend aux suggestions du professeur américain d'assez bonnes leçons pour aimer à l'entendre causer, y est réfractaire pour des rai-

tabac pour une sapèque. Tel citoyen, qui n'est pas assez riche pour faire la dépense d'une orange, ne laisse pas que de se passer la fantaisie d'en acheter une côte. Cette division extrême de la monnaie chinoise donne naissance à une infinité de petites industries faisant vivre des milliers d'individus. »

sons multiples. Le sentiment de la parfaite intégrité de sa monnaie, de l'indépendance qu'elle lui confère vis-à-vis de l'étranger, l'y maintient très attaché : peu lui soucie d'ailleurs de régler, sur d'autres bases, le chapitre peu insignifiant de ses dépenses extérieures si la réforme doit jeter le trouble dans l'immense et complexe appareil de sa vie nationale et intérieure. Il serait tout aussi illogique de la part des Chinois d'adopter un système monétaire à façon européenne pour la meilleure commodité des quelques milliers d'Occidentaux établis sur leur territoire, qu'absurde de la part des Français d'imposer chez eux l'usage des monnaies britanniques sous prétexte qu'il y a, chez nous, des colonies anglaises établies en permanence à Nice, Dinard ou Chantilly. Ne vaut-il pas mieux encore, pour le Chinois, subir les aléas du change que de s'exposer, chez lui, de par la grâce occidentale, à des nouveautés grosses de misères et de difficultés? Enfin, pour le Chinois jaloux de son indépendance économique, l'étranger à craindre n'est pas l'exportateur qui, comptant en sa propre monnaie garde ses yeux constamment tournés à l'horizon européen, ne se pourvoit en Chine que d'un établissement tout superficiel et tout à fait temporaire et repousse toute idée d'acclimatation et de permanence. Bien moins qu'un ennemi, celui-là est un associé, c'est un courtier utile à l'issue des marchandises de grande consommation qui font l'immense richesse de la Chine. L'exportateur n'est point exigeant : il sera satisfait s'il lui est octroyé en Chine le droit de libre commerce sous la sauvegarde de son inviolabilité personnelle ; tout ce qu'il réclame, ce sont des ports ouverts où il puisse aligner des quais et, en toute sécurité, faire accoster ses bateaux. Celui-là, c'est l'Européen de l'ancienne Chine, celui que l'on tolère parce qu'il est peu encombrant et qu'il a déjà pour lui, avec le mérite de services rendus, la consécration du temps. Bien autrement dangereux pour l'intégrité chinoise est l'importateur, car l'importation n'est jamais que la préface de l'implantation. Ce que réclame la turbulente ambition de l'importateur, ce sont des établissements fixes et à rayonnement étendu, des voies au cœur de la Chine, des lambeaux entiers de la territorialité chinoise, tels que les établissements allemands de Chantoung; ce qu'il lui faut, ce sont des concessions minières, l'octroi de chemins de fer à construire et à exploiter et toute une série de privilèges contre lesquels proteste déjà énergiquement la secte hounanienne, véritable grand parti nationaliste de la Chine, qui a parfaitement discerné que le dernier terme du triomphe de l'importation européenne en Chine, c'est le démembrement de l'Empire. Loin donc de favoriser l'importateur, il faut s'appliquer à le tenir à l'écart, et si les Chinois trouvent leur dernière et suprême sauvegarde dans la magnifique singularité de leur monnaie, ne serait-ce point faire injure à leur plus simple entendement que de croire qu'ils vont, de bonne foi et de bonne volonté, s'efforcer de détruire leur dernière muraille?

D'autre part, tout le clan de l'exportation, c'est-à-dire les banquiers et les négociants admirablement organisés pour profiter des variations du change, verraient avec le plus grand regret se tarir cette source presque continue de bénéfices. C'est, nous l'avons vu, à la faveur d'une position constamment orientée à la baisse que les banques de change ont réalisé, depuis vingt ans, de très beaux profits ; c'est à la faveur de fluctuations qu'elles espèrent bien voir longtemps subsister que les banques de capitaux projettent ces placements mixtes corrigés d'arbitrage dont nous avons exposé plus haut le mécanisme. En outre, la quotidienne nécessité d'un change,

variable d'instant en instant, multiplie à l'infini les lucratives opérations des banques et leur amène une clientèle
considérable sur laquelle elles règnent absolument en
maitresses. De ce côté-là, Jenks n'a à attendre que des
ennemis.

Pareillement, les négociants à l'exportation sont contraires aux projets américains. Nous avons vu comment
eux aussi avaient su, avec l'aide des banques, greffer sur
chaque opération commerciale, une intéressante position
de change : il n'est pas vrai de dire que cette spéculation
soit, en tous les cas, heureuse ; mais, en réalité, elle a,
chaque fois, beaucoup plus de chances de réussir que
d'avorter, car l'exportateur, lorsqu'il la fait, est déjà en
possession d'un bénéfice commercial et il ne risque, en
fait, au pis aller que partie d'un gain déjà acquis. L'exportateur ambitieux, homme de grosses affaires, de grand
crédit, de grand roulement d'espèces et de marchandises,
a toutes les chances de tirer des variations du change de
considérables profits. J'en ai surpris plusieurs à envisager
avec une amertume dénuée d'ailleurs de toute inquiétude
la réalité du nouvel état annoncé par Jenks : ils déclaraient
que leurs affaires en Chine, privées de ce remarquable
élément d'activité, tomberaient au rang d'un commerce
« d'épicier ».

En dehors donc des Américains, dont le point de vue a
été plus haut nettement dégagé, chacun a, en Chine, intérêt
au maintien de l'état actuel. J'estime que ce groupement
de forces constitue un bloc bien autrement puissant que
celui représenté par les candidats à l'importation. Jenks,
abusé par les sourires fallacieux de quelques mandarins,
mais tenu à l'écart, soit indifférence, soit hostilité, par les
groupements financiers européens les plus importants
d'Extrême-Orient, ne dispose pas des concours et des

bonnes volontés nécessaires pour mener à bien l'œuvre la plus téméraire, la plus difficile qui ait jamais été tentée jusqu'ici dans le domaine économique.

L'usage exclusif de l'argent n'est pas sans conférer aux Chinois, avec une certaine supériorité, une très réelle indépendance, et tout porte à croire qu'ils y resteront longtemps encore très attachés.

TABLE DES MATIÈRES

ÉMILE COLIN ET Cⁱᵉ — IMPRIMERIE DE LAGNY

www.ingramcontent.com/pod-product-compliance
Ingram Content Group UK Ltd.
Pitfield, Milton Keynes, MK11 3LW, UK
UKHW021725090726
13657UKWH00002B/504